Im 20. Jahrhundert versucht die Schweiz, Fahrende mit Gewalt zu assimilieren. Kindeswegnahme, Versorgung und Zwangsbehandlung sind die Mittel. An der Familie Mehr werden sie durchexerziert.

Mit Marie Emma, Mariella und Christian Mehr werden drei Generationen sich selbst entfremdet, beiden Frauen wird das Kind weggenommen. Ihre Wut darüber verarbeitet Mariella als sprachmächtige Schriftstellerin, Christian schreit sie der Gesellschaft als Punk ins Gesicht. Mariella betäubt den Schmerz mit Alkohol, Christian mit Heroin. Das Erlebte dominiert das Leben, verbindet die beiden und spaltet sie zugleich. Es ist die Geschichte einer Mutter-Sohn-Beziehung, welche die mentalen und körperlichen Folgen der behördlichen Gewalt in sich trägt.

Auf lebendige Weise und eingebettet ins Zeitgeschehen erzählt Michael Herzig von den Verheerungen des sogenannten Hilfswerks «Kinder der Landstrasse», das sowohl Mariella als auch Christian quälte und misshandelte – fünfzig Jahre nach dem Ende des «Hilfswerks» sind die Folgen noch immer präsent.

Michael
Herzig

LAND-
STRASSEN-
KIND

Die Geschichte
von Christian und
Mariella Mehr

Limmat Verlag
Zürich

Ich hole Christian! Für immer? Mein Junge, auch an ihm schon 7 verpfuschte Jahre. Wie viel da gut zu machen ist. Aber ich freue mich, ich freue mich auf die Aufgabe. Ich freue mich auf sein Lachen. Sein liebes herzliches Bubengrinsen. Ich freue mich.

Mariella Mehr, Tagebuch, 1973

REDEN HEISST LEBEN

Christian ist ein lebhaftes, dunkelhäutiges Kerlchen, das mit grosser Geschwindigkeit und Wendigkeit im Zeug herumkriecht. Im Laufgitter verhält er sich ziemlich ruhig und beschäftigt sich mit dem Spielzeug; soviel als möglich soll er aber seine «Freiheit» ausserhalb des Gitters geniessen können, mindestens wenn die Pflegemutter mit einer Handarbeit dabei sitzt.

Clara Reust, Akten Pro Juventute, 1967

Um mich unter die Erde zu bringen, braucht es zwei Gräber. Eines für meine Klappe, ein anderes für den Rest.

Ich rede viel, weil ich viel denke. Gleichzeitig. Eigentlich denkt es von selbst. Bevor ich einen Satz zu Ende sagen kann, schiebt das Hirn den nächsten auf die Zunge. So purzeln zwei Sätze nebeneinander in die Welt hinaus. Mein Gehirn merkt dies und schickt eine Berichtigung hinterher. Ein Satzgewitter baut sich auf.

In seinem Donnergrollen hallt meine Kindheit nach. Versorgt, verbrüht, ignoriert, geschlagen. Gewalt, Machtmissbrauch, Unrecht. Wind wirbelt meine Jugenderinnerungen durcheinander. Erniedrigung, Verzweiflung, Trotz, Widerstand, Verweigerung, Ausbruch, Exzess, Absturz. Der Regen peitscht meine Hoffnungen und Sehnsüchte hinunter. Nähe, Bindung, Familie. Wissen, wer ich bin. Dazugehören. Ernst genommen werden. Ich. Am Ende verfliessen sie alle. Dann blitzt es.

9

Heftig und scheinbar unkontrolliert. Das ist meine Wut. Sie hält mich am Leben.

Ich habe zu viel Scheisse im Kopf. Zu viele Bilder, zu viele Ideen, zu viel Ungerechtigkeit. Das muss raus.

Ich werde im Frauengefängnis Hindelbank geboren. Dort wird meine Mutter weggesperrt, weil sie mit mir schwanger ist. Etwas anderes hat sie nicht verbrochen. Kein Diebstahl, kein Drogenschmuggel, kein Pflastersteinwurf. Sie hat ungeschützten Sex gehabt. Doch viel schwerer, als was sie getan hat, fällt ins Gewicht, was sie ist: jenisch durch Geburt. Eine «Vagantin», heisst dies in den 1960er-Jahren. «Vagantismus» will der Staat ausrotten. Vormundschaft, Sozialbehörde, Armenpflege, Psychiatrie, Justiz. Die Staatsmaschine, der Maschinenstaat.

Mein Vater ist Rom. Italienisch-französischer Doppelbürger. Dazu ehemaliger Widerstandskämpfer gegen die Nazis und zwanzig Jahre älter als meine Mutter. Das passt der Schweiz nicht. Sie hält ihn für einen Zuhälter. Anders können sich der Gefängnisdirektor und die Vormundin die Beziehung meiner Eltern nicht erklären. Liebe ist keine Option. So steht es in den Akten.

Nach einem halben Jahr nimmt mich der Staat meiner Mutter weg. Der Dorfpfarrer hat eine Familie aufgetrieben, die mich zum Kuhschweizer machen soll. Dort falle ich in einen Topf siedendes Wasser. Natürlich ist es ein Unfall. Weil ich ein so wahnsinnig zappeliges Vagantenkind bin, das nicht still liegen kann. So steht es in den Akten.

Ich glaube nichts, was in den Akten steht.

Einige Joints, viele Kerzen und «Dirty Old Town» von The Pogues. Mein erstes Bad verlangt nach einem Ritual. Ich bin 21 Jahre alt und habe sechzig bis siebzig Hautverpflanzungen durchgemacht. Um die 35 Vollnarkosen. Vier Wände und Wasser treiben mir die Panik in den Kopf. Mein ganzes bisheriges Leben lang habe ich geduscht.

Danke Schweiz, dass du mich kaputt gemacht hast und nicht ein anderes Land. Dann wäre ich jetzt nämlich tot.

Mitte fünfzig habe ich chronische Nervenschmerzen in meinen Füssen, obwohl nur noch wenige Nerven da sind, die überhaupt Informationen ans Hirn liefern. Es fühlt sich an wie viel zu enge Gamaschen. Das sind Nachwirkungen meiner Verbrühungen. Wenn ich noch lange lebe, werden die Beine irgendwann einmal amputiert.

Ich schlafe nicht mehr als fünf bis sechs Stunden. Und auch das nur mit ein paar Joints. Mein Arzt würde mir sofort Schmerzmittel verschreiben, wenn ich danach fragte. Opioide. Wie die wirken, weiss ich. Ich bin jetzt über zwanzig Jahre clean. Kein Heroin mehr, kein Kokain. Dafür Schmerzen.

Das Spital ist mein zweites Zuhause geworden. Mehr als fünf Tage verreisen geht nicht. Ich habe Diabetes. Die Bauchspeicheldrüse funktioniert nicht mehr richtig. Die Leber verfettet, weil ich mir Hepatitis angefixt habe. Ausserdem habe ich immer wieder Hautkrebs. Zunächst an den Armen. Dann wird mir ein Melanom aus der Lippe geschnitten, ein anderes aus dem Kinn. So nahe am Hirn war der Krebs noch nie. Dabei ist der Schädel mein einziges Körperteil, das mehr oder weniger ganz geblieben ist. Abgesehen von der Narbe aus einer Schlägerei mit Skinheads.

Ich war in mehr als einer Pflegefamilie, in Heimen, in der Psychiatrie, in der Punkszene, im thailändischen Dschungel, in den Drogen. Ich habe mit meinen verbrannten Beinen Skitouren gemacht, Aikido trainiert, Pogo getanzt, Konzerte gegeben und mich mit Faschos geprügelt.

Ich habe Heroin, Kokain und Schlaftabletten gefixt. Ich habe Shit verdealt. Ich habe meine Wut mit Hardcore-Punk in die Welt hinausgeschrien. Ich habe Schulden angehäuft, die ich Jahrzehnte später noch abstottere. Ich habe im Wald geschlafen und in Notschlafstellen. Ich habe Stoff vermittelt, um selbst an Stoff zu kommen.

Ich war am Boden. Mehr als einmal. Ich bin wieder aufgestanden. Wieder aufzustehen ist meine Bestimmung.

Ich habe viele Stunden in der Psychotherapie verbracht. Damit habe ich fast alles hingekriegt. Die Entwurzelung, die Heime, die Schläge, den Missbrauch, das Stigma, die Verbrennungen, die Drogen, den Exzess. Nur nicht das Reden.

Reden, reden, reden.

Es redet, ich rede, ich werde geredet.

Ich kann mich in eine Katastrophe hineinreden und auch wieder hinaus. Reden hat mir Prügel eingebracht. Reden hat mich vor dem Knast bewahrt. Reden hält mich am Leben.

Meine Mutter ist jenisch, mein Vater Rom. Meine Grossmutter war eines der ersten Kinder, das die Stiftung Pro Juventute seinen Eltern weggenommen hat. Ich war eines der letzten.

Meine Mutter ist Mariella Mehr. Schriftstellerin. Kämpferin. Mensch gewordene Wut. Sie hat ihr Trauma in ihren Texten verarbeitet.

Sie hat geschrieben. Ich rede.

1966

Christian Mehr wird am 11. Juni geboren. An der Fussball-Welt-
meisterschaft in England verliert die Schweiz gegen Deutschland 5:0. In Bern scheint die Sonne während 1663 Stunden, der
Mittelwert seit 1931 beträgt 1759 Stunden. Durchschnittlich
leben in der Schweiz 131 Menschen auf einem Quadratkilometer.
Der Nutztierbestand umfasst 67 022 Pferde, 1353 Maultiere,
1 796 389 Rindvieh, 1 513 845 Schweine, 266 371 Schafe, 74 707
Ziegen, 3 456 955 Lege- und Zuchthühner, 1 528 610 Masthühner
und 270 138 Bienenvölker. Im Baugewerbe erstreiten die Gewerk-
schaften eine Lohnerhöhung von dreissig bis vierzig Rappen pro
Stunde. In der Schweiz arbeiten 435 979 «kontrollpflichtige
Arbeitskräfte» während des ganzen Jahres und 164 569 saisonal.
Einige von ihnen verweist der Bundesrat wegen kommunisti-
scher Umtriebe des Landes. Andere eröffnen in Bern das erste
italienischsprachige Berufsbildungszentrum. In Lausanne verbietet die Fremdenpolizei dem Hilfswerk Terre des Hommes,
kranke geflüchtete Kinder aus Vietnam in die Schweiz zu holen,
lediglich kriegsverletzte dürfen ins Land. Nach einer Protest-
welle ändert dies der Bundesrat. Der Kanton Basel-Stadt führt
als erster deutschsprachiger Kanton das Frauenstimm- und
-wahlrecht per Volksabstimmung ein, im Kanton Zürich wird es
mit 95 572 zu 107 775 Stimmen abgelehnt. Die Volksinitiative
des Landesrings der Unabhängigen (LdU) zur Bekämpfung des
Alkoholismus wird mit einer Dreiviertelmehrheit verworfen. In
China beginnt die Kulturrevolution, die einer sehr hohen, aber
bis heute nicht genau bekannten Anzahl Menschen das Leben
kostet. In London behauptet John Lennon, die Beatles seien
populärer als Jesus. Frankreich verlegt seine Kernwaffentests
von Algerien aufs Mururoa-Atoll im Pazifik. Im US-Bundesstaat
Mississippi wird erstmals ein weisser Mann wegen Vergewaltigung
einer schwarzen Frau zum Tod verurteilt; die Strafe wird allerdings in lebenslange Haft umgewandelt.

ASSIMILIERUNGS-WAHN

Auch die Mehr sind nicht zwangseingebürgert, sondern die Familie ist durch die unglückliche Heirat eines wahrscheinlich wenig intelligenten Gliedes der sonst bäuerlichen Familie Mehr von Almens mit einem Mädchen aus dem Stamme Waser, in den 80er-Jahren des letzten Jahrhunderts, entstanden. Sie hat sich dann erschreckend rasch vermehrt. [...]

Ebenso rasch aber, wie der Stamm aufgeblüht ist, scheint er jetzt auch wieder niederzugehen; nach den Mitteilungen des Gemeindeamtes Almens hat man jetzt dort kaum mehr mit ganzen fahrenden Familien, sondern bloss noch mit einzelnen Personen zu tun. [...]

[...] Ein Teil der «Verbliebenen» ist in bürgerlichen Verhältnissen aufgewachsen und darf als sesshaft betrachtet werden. In dieser Familie hat sich die Nacherziehung und Fürsorge der Stiftung Pro Juventute besonders augenfällig bemerkbar gemacht.
Alfred Siegfried, Pro Juventute, 1958

Das sogenannte Hilfswerk «Kinder der Landstrasse» ist ein Programm zur Zwangsassimilierung von «Vagantenfamilien». Dazu wird gezählt, wer jenisch spricht, auch wenn die Familie einen festen Wohnsitz hat und nicht im Wohnwagen durchs Land zieht. Im Fokus stehen primär die einheimischen Jenischen, weil Sinti und Roma bis 1972 die Einreise verweigert wird und sie sich damit gar nicht erst in der Schweiz niederlassen können.

In den Augen des Staates, der Kirche, der Psychiatrie und der Fürsorgeinstitutionen gilt die jenische Identität nicht als Kultur, sondern als sozialer Missstand. Deshalb sollen jenische Kinder angepasst werden. Die Mittel sind zerstörerisch: Kinder werden ihren Eltern weggenommen, Familien auseinandergerissen. Die Vormundschaftsbehörden entmündigen Eltern und platzieren Kinder. Sie befehlen administrative Versorgungen in Zwangsarbeitsanstalten, in psychiatrischen Kliniken und wie im Fall von Mariella Mehr auch in Gefängnissen.

In Betrieb genommen wird diese Diskriminierungsmaschinerie 1926 von der Stiftung Pro Juventute, die 1912 von der Schweizerischen Gemeinnützigen Gesellschaft gegründet wird. Zunächst geht es Pro Juventute um die Bekämpfung von Tuberkulose bei Kindern und Jugendlichen, mit der Zeit weitet die Stiftung ihr Tätigkeitsfeld auf die «Kinder- und Jugendfürsorge» insgesamt aus. Finanziert wird diese Tätigkeit durch Beiträge von Bund, Kantonen und Gemeinden wie auch durch Spenden, Legate und selbst erwirtschaftete Erträge.

Grundlage für Kindswegnahmen bildet das Zivilgesetzbuch ZGB von 1912, vorher sind präventive Eingriffe in die Familie nicht möglich. Einige der von Pro Juventute angewendeten Zwangsmassnahmen gibt es bereits vor 1926, andere über 1973 hinaus. Die Stiftung Pro Juventute gibt es heute noch.

Im frühen 20. Jahrhundert stehen sozialdarwinistische und rassenhygienische Theorien hoch im Kurs in Europa und in der Schweiz. Auf sie bezieht man sich im Kampf gegen die Jenischen. Allerdings will die Stiftung Pro Juventute nicht die Menschen ausrotten, wie es diese Theorien in letzter Konsequenz vorsehen, sondern ihre Lebensweise. Für die Betroffenen dürfte es sich trotzdem wie ein Vernichtungsversuch anfühlen.

Wieder ausgeschaltet wird die Assimilierungsmaschine der Stiftung Pro Juventute 1973. Zu einer Zeit, in der ein Kulturkampf tobt. Die Jugendbewegung von 1968 stellt bürgerliche Werte infrage. Auf der Strasse riecht es nach Tränengas,

Rockkonzerte arten zu Saalschlachten aus. Neue soziale Bewegungen entstehen. Gegen den Krieg, gegen Atomkraft, gegen totalitäre Anstalten wie Jugendheime und gegen Zwang in der Psychiatrie.

Eine Enthüllungsgeschichte im «Schweizerischen Beobachter» deckt die Machenschaften von Pro Juventute auf. Daraufhin wird das «Hilfswerk» aufgelöst. Bis zu diesem Zeitpunkt bemächtigt sich Pro Juventute dreihundert Mädchen und 286 Knaben. Sie werden in Pflegefamilien gesteckt, in Heime, Kliniken und Gefängnisse. Geschwister werden getrennt. Die Eltern werden über das Schicksal ihrer Kinder im Dunkeln gelassen. Wehren sie sich, werden sie weggesperrt. Werden sie krank vor Kummer oder ertränken ihr Leid in Alkohol, werden sie ebenfalls weggesperrt.

Die Entscheide fällen Vormundschaftsbehörden, meistens Laiengremien. Den Antrag an sie stellt grösstenteils Pro Juventute. Aber auch andere Institutionen machen mit, beispielsweise das Seraphische Liebeswerk Luzern. Einige katholische Priester setzen sich jedoch auch für die betroffenen Familien ein.

Mehr als die Hälfte aller Kinder stammen aus Familien mit einem Bündner Heimatort. Dazu gehören 84 Waser aus Morissen, 78 Moser aus Obervaz, 23 Huber aus Savognin und 29 Mehr aus Almens, unter ihnen Christians Grossmutter, seine Mutter und er selbst.

In keinem anderen Kanton wird der Entzug der elterlichen Gewalt öfter beschlossen als in Graubünden. Er verfügt über eine institutionalisierte «Vagantenfürsorge». Diese kantonale Behörde arbeitet eng mit der psychiatrischen Klinik Waldhaus in Chur zusammen, wo sich seit dem frühen 20. Jahrhundert verschiedene Ärzte mit den Jenischen beschäftigen und mit ihren Verlautbarungen die wissenschaftlich verbrämte Legitimation für Behördenentscheide liefern. Nichtsdestotrotz behauptet der Bündner Regierungsrat Aluis Maissen 1989 in einem Interview mit dem Schweizer Fernsehen, dass es sich «nicht behaupten lasse, dass die Jenischen» in der Churer Klinik «weder in den Stammbäumen noch in den Patientenakten anders behandelt worden wären als die gewöhnlichen Patienten auch». Ende der 1980er-Jahre steht die psychiatrische Behandlung der Jenischen in Chur unter massiver Kritik. Und obwohl Maissen dies bestreitet, ist mittlerweile ausreichend belegt, wie Psychiatrie und Behörden in der Diskriminierung von Jenischen zusammengearbeitet haben.

Die Verfolgung verläuft systematisch. Ziel ist es, allen jenischen Familien die Kinder wegzunehmen. Erfolgreich ist Pro Juventute damit indessen nicht. Aus Kapazitätsgründen, aber auch, weil nicht alle Behörden mitmachen. Die involvierten Gemeinden lehnen mehr als die Hälfte aller Gesuche ab. Das führt zu einer Konzentration der Kindswegnahmen: Sechzig Prozent der Kinder stammen aus sieben Familien aus sechs Heimatgemeinden in drei Kantonen. Zwanzig Prozent aller Kinder gehören zur zweiten Opfergeneration. Christian Mehr ist einer von fünf, deren Grosseltern auch schon «versorgt» worden sind.

Auch wenn viele Gemeinden die Zwangsassimilation befürworten, meiden einige die damit verbundenen Kosten. Teilweise lehnen Gemeinden neue Fälle ab, obwohl sie früher in vergleichbaren Situationen der Pro Juventute die Vormundschaft über jenische Kinder zugesprochen hatten.

Dort allerdings, wo Pro Juventute und Behörden am selben Strick ziehen, werden jenische Familien gnadenlos gehetzt. Und auch jene, die davonkommen, können sich nie sicher sein, nicht doch noch Opfer der Verfolgung zu werden, denn das behördliche Handeln ist unberechenbar.

Auf ihren Leidenswegen lernen die Kinder Heime, Anstalten und mehr als eine Pflegefamilie kennen und fürchten. Häufig kündigt Pro Juventute die Kinder an und redet sie bereits im Vorfeld schlecht. So eilt ihnen ein Ruf voraus, gegen den sie nicht ankommen. Pflegeeltern, Nachbarschaft, Dorfschule, Kirche, Armenfürsorge, Psychiatrie, Erzieherinnen und Ordensschwestern warten auf das «Vagantenbalg».

Die Kinder werden nicht als Individuen behandelt, sondern als soziales Problem. Sie werden entmenschlicht, ihren Eltern und Geschwistern entfremdet, sozial und kulturell entwurzelt – «in gesundes Erdreich verpflanzt», heisst es beschönigend.

Die Betroffenen wehren sich. Kinder reissen aus und kehren zu ihrer Familie zurück. Eltern reisen durch die Schweiz auf der Suche nach ihren Kindern, entführen sie aus Heimen, manchmal mehrmals. Andere beschreiten den Instanzenweg. In den allermeisten Fällen vergeblich. In einem einzigen Fall hebt das Bundesgericht den Entzug der elterlichen Gewalt auf, die beiden Kinder bleiben aber im Heim. In den allermeisten Fällen entscheiden letztinstanzlich nicht Gerichte, sondern politische Behörden, meistens der Regierungsrat.

Jenische Mütter und Väter kämpfen über Jahrzehnte dafür, ihre Kinder wiederzusehen. Teresa Grossmann-Häfeli gehört zu den wenigen, denen es gelungen ist, ihre Kinder ausfindig zu machen. Zu spät allerdings. «Es war nicht mehr dasselbe», seufzt sie 1991 in dem preisgekrönten Dokumentarfilm «Die letzten freien Menschen» von Oliver Matthias Meyer. «Sie waren mir fremd und ich ihnen. Das Band war gerissen.»

Teresa Grossmann setzt sich ihr Leben lang für die Rechte der Jenischen ein. Sie war vier Jahre alt, als sie ihren Eltern weggenommen wurde. «Meine Eltern haben erzählt, ich hätte mordio geschrien, weil ich nicht mitwollte. Es sind zwei Polizisten gekommen und zwei Nonnen. Und einer der Polizisten sagte, wenn ich nicht aufhöre, zu schreien, würde er mir den Kopf abhauen. Danach sei ich ruhig gewesen.»

Die fünf Kinder von Teresa Grossmann erleiden dasselbe Schicksal. Zuerst nimmt ihr Pro Juventute die beiden ältesten fort. Daraufhin versteckt sie sich mit den anderen, ist ständig auf der Flucht vor den Behörden. «So ging das immer hin und her. Dort verjagt, hier verjagt, nirgendwo durftest du sein. Wir sind Flüchtlinge im eigenen Land.»

Kurz vor der Geburt ihrer jüngsten Tochter schlägt Pro Juventute mit Hilfe der Behörden abermals zu. Zwei Klosterfrauen werden geschickt, die verbliebenen Kinder zu holen. Die eine hält Teresa Grossmann an den Haaren zurück, die andere greift sich ihre Tochter und ihren Sohn. Zwei Tage später bringt Teresa Grossmann ihre jüngste Tochter zur Welt. «Danach hat man mir die Brüste abgebunden und mit Kampfersalbe eingerieben.» Noch im Wochenbett wird ihr das Kind weggenommen. «Ich habe nur noch geweint, nichts mehr gegessen.» Ein langer, einsamer Kampf beginnt.

Zum ersten Mal geht Teresa Grossmann 1956 zum «Schweizerischen Beobachter». Die Redaktion schenkt ihr Gehör, aber keinen Glauben. Glauben tut sie Pro Juventute, die Teresa Grossmann diffamiert. 1959 interessiert sich der «Blick» für ihr Schicksal. Wieder gelingt es Pro Juventute, die Journalisten von der Geschichte abzubringen. Der Verweis auf angebliche Verfehlungen der Eltern wirkt. Schliesslich äussert sich 1965 die «Zürcher Woche» zum ersten Mal kritisch. Selbst wenn die Kindswegnahmen rechtlich korrekt seien, dürften sie nicht auf Kosten der Menschlichkeit durchgesetzt werden. Der Artikel bleibt wirkungslos.

In den 1960er-Jahren wird auch der «Beobachter» kritischer, weil sich jenische Eltern häufiger beschweren. Die Redaktion interveniert mehrmals bei Pro Juventute und auch bei Vormundschaftsbehörden. Sie lässt sich nicht mehr so schnell abspeisen, widerspricht den Darstellungen, die sie bekommt, und recherchiert hartnäckiger als früher. Der Journalist Hans Caprez nimmt sich des Themas an. Endlich wird auch Teresa Grossmann ernst genommen. Anfang der 1970er-Jahre ist die Zeit reif. 1972 veröffentlicht der «Beobachter» den Artikel von Hans Caprez mit dem Titel «Fahrende Mütter klagen an».

Es ist ein Text mit Folgen. Zwar streitet die Stiftung Pro

Juventute gegenüber den Medien alles ab, lässt kein gutes Haar an den betroffenen Familien, schiebt die Verantwortung an Gemeinden und Kantone ab und lobt die liebevoll sorgenden Pflegefamilien, in die man die armen Kinder platziert habe. Doch die Fakten sind erdrückend. Die Konstruktion aus falschen Behauptungen, Vorurteilen und Verleumdungen bricht zusammen.

Im Februar 1972 wird Pro Juventute das letzte vormundschaftliche Mandat übertragen. Nun wird «Kinder der Landstrasse» ein Thema für die Stiftungskommission. Sie hat innerhalb der Stiftung die Funktion eines Direktoriums. Zunächst versucht sie, die Sache auszusitzen, dann mit dem «Beobachter» zu bereinigen. Besprechungen werden abgehalten, Gegendarstellungen verlangt. Dabei offenbart sich, dass «Kinder der Landstrasse» auch intern umstritten ist. Schon länger. Die Erkenntnis reift, dass die Zeit abgelaufen ist. Wegen des Medienskandals, den der «Beobachter»-Artikel ausgelöst hat, wird das «Hilfswerk für die Kinder der Landstrasse» Ende 1973 aufgelöst. Bis 1975 werden die letzten Vormundschaften abgewickelt.

Wie Teresa Grossmann steht auch Mariella Mehr in engem Kontakt zum Journalisten Hans Caprez. In ihrem Tagebuch hält sie Notizen dazu fest. Sie ist hin- und hergerissen, fiebert mit, leidet. «ich führe krieg (endlich) gegen pro juventute», schreibt sie 1973 einer Freundin, «weil ich christian ihrem einfluss entziehen will. weil ich will, dass er stolz auf seine herkunft ist, und wenn irgendwie möglich, meine diesbezüglichen komplexe nicht übernimmt.»

Zu diesem Zeitpunkt steckt Christian in einem Heim im Kanton Graubünden fest, weit weg von Mariella, die in Bern wohnt. Sie schreibt in ihr Tagebuch, wie sehr sie mit ihrer eigenen Biographie kämpft, beschreibt Selbstzweifel, Depressionen, Angst, Trotz, Wut und starke Stimmungsschwankungen. «eine fast beängstigend euphorische phase also. nun, sie gibt mir kraft für den nächsten psychischen tiefschlag.» An dem Tag, an dem sie erfährt, dass «Kinder der Landstrasse» aufgelöst wird, klebt sie ein Passfoto von Christian ins Tagebuch. Daneben schreibt sie mit dickem schwarzem Filzstift: «Auflösung der Abteilung ‹Kinder der Landstrasse› P. J.!!! Genugtuung? Freude? Befriedigung?»

Für die gesellschaftliche Repräsentation der Stiftung Pro Juventute ist der Stiftungsrat zuständig. Mitglieder sind ein Bundesrat, National-, Stände- und Regierungsräte, Bankiers, Staatsanwälte, Berufsmilitärs, Professoren, Ärzte und Geistliche. Die meisten sind Männer, die wenigen Frauen stammen tendenziell aus Gesundheits- oder Sozialberufen. Diese Mitglieder haben gute Beziehungen zu Vertreter:innen von Behörden, Politik und Justiz, die das Handeln von Pro Juventute überwachen müssten. Selbst noch nach dem Medienskandal schützen diese Beziehungen davor, dass der Stiftungsrat zur Verantwortung gezogen würde. Nicht einmal in der Zeit, als das Hilfswerk in Auflösung ist, werden in den Stiftungsratsprotokollen Besprechungen, die dieses betreffen, festgehalten. Ignorieren, wegducken und dann möglichst schnell vergessen scheint die Devise zu lauten.

Die Diskriminierung der Jenischen bleibt jedoch auch nach Auflösung des «Hilfswerks» ein Thema. Vor allem wegen der Betroffenen selbst. Für sie hat die Aufarbeitung gerade erst begonnen. 1973 wird der Verband Pro Tzigania Svizzera gegründet, 1975 die Radgenossenschaft der Landstrasse, die Dachorganisation der fahrenden Bevölkerung in der Schweiz. Teresa Grossmann und Mariella Mehr sind Gründungsmitglieder. Zusammen mit anderen ehemaligen «Kindern der Landstrasse».

Das Schweizer Fernsehen nimmt die Gründungsversammlung der Radgenossenschaft zum Anlass, einen Bericht über die Diskriminierung der Jenischen zu produzieren. Am 12. Juni 1975 wird die Sendung ausgestrahlt. Im Saal zu sehen ist der neunjährige Christian. Er spielt mit dem Hund eines Vorstandsmitgliedes. Seine Mutter Mariella Mehr sitzt auf dem Podium.

Der Ton ist kämpferisch, neues politisches Bewusstsein paart sich mit altem Stolz. Die dringendsten Forderungen sind Stand- und Durchgangsplätze in allen Kantonen und dass die kantonalen Hausierbewilligungen durch eine nationale ersetzt werden. Am Ende erheben sich alle zu einem Prost: «Auf die Freiheit, auf die Jenischen!»

Mit dem selbstbewussten Blick in die Zukunft kontrastiert die Vergangenheit. Im Rahmen der Berichterstattung über die Gründungsversammlung der Radgenossenschaft sendet das Fernsehen Ausschnitte aus einem früheren Interview mit dem jungen Herrmann Waser aus St. Gallen. Vor der Kamera schildert er seine aufgezwungene Odyssee durch Erziehungsanstalten und Kliniken. Die Aufzählung aller Institutionen dauert fast anderthalb Minuten. «Herrmann Waser wurde 1972 seiner inzwischen sesshaft gewordenen Mutter psychisch völlig zerstört zurückgegeben», fährt der Kommentator fort. «Jetzt ist er tot. Im vergangenen Oktober hat er sich in Zürich das Leben genommen.»

Dass das menschenverachtende Treiben von Pro Juventute endlich auf äusseren Druck gestoppt wird, ist überfällig. Doch für die Betroffenen bleibt der Schaden bestehen, ohne dass dafür jemals jemand belangt würde. Niemand wird angeklagt wegen Verletzung der Aufsichtspflichten oder wegen kulturellen Genozids. Wer aber traumatisiert worden ist, kann nicht einfach zur Normalität zurückkehren, denn das Trauma ist längst die Normalität geworden.

Mariella Mehr scheint zu ahnen, dass die Bewältigung des Erlebten nie enden wird. Ihre Zweifel vertraut sie dem Tagebuch an: «Wie kann man diesen Leuten wieder ihr Sippenbewusstsein zurückgeben? Wie schützt man sie vor dem Hochmut der Sesshaften?»

Teresa Grossmann hört ihr Leben lang nicht auf zu kämpfen. Sie engagiert sich im Vorstand der Radgenossenschaft der Landstrasse und beteiligt sich an politischen Aktionen. An den

jenischen Fekkerchilbis der 1980er-Jahre legt sie Tarotkarten.
Neben Mariella Mehr gibt sie den fahrenden Müttern in den
Medien ein Gesicht. Weniger kämpferisch als Mariella, doch
ebenso mutig, ebenso entschlossen, zudem beeindruckend
ruhig und überlegt.

Nach vierzig Jahren Trennung findet Teresa Grossmann
endlich ihre jüngste Tochter wieder. 1993 ist Teresa 68 Jahre
alt, ihre Tochter 41. Sie heisst nun nicht mehr Eva, wie ihre Mutter sie nennen wollte, sondern Anna. «Für meine Mutter bin
ich natürlich Eva. Ich selbst habe mich an Anna gewöhnt. Also
bin ich jetzt Anna und Eva.» Sie wurde 1956 von einem kinder-
losen Ehepaar adoptiert. Auf Veranlassung von Pro Juventute
und ohne dass Teresa Grossmann ihr Einverständnis gab oder
informiert worden wäre. Eva/Anna wurde erzählt, sie sei von
ihrer leiblichen Mutter ausgesetzt worden. «Ich bin zufrieden,
glücklich darüber, dass ich jetzt endlich die Wahrheit weiss»,
sagt sie der Journalistin auf die Frage, wie sie sich nun fühle.
«Und vor allem auch darüber, dass meine Mutter eine gute,
loyale und ehrliche Frau ist.»

Die Kraft, so lange und unbeirrbar weiterzukämpfen, habe
sie aus der Gewissheit gezogen, dass Gott sie beschütze, erklärt
Teresa Grossmann. Es ist derselbe Gott, in dessen Namen ihr
die Kinder weggenommen wurden.

1968

Im von der UNO ausgerufenen Jahr der Menschenrechte wird Christian verbrüht. Mit zwei Jahren liegt er neun Monate auf der Intensivstation im Berner Inselspital. Er überlebt, aber von nun an dominieren die Verbrennungen sein Leben. Die Schweiz unterzeichnet die Europäische Menschenrechtskonvention unter dem Vorbehalt des fehlenden Frauenstimm- und -wahlrechts und der Möglichkeit, Menschen wegen Arbeitsscheu, liederlichem Lebenswandel oder Misswirtschaft administrativ versorgen zu können. In den USA werden Martin Luther King und Robert F. Kennedy ermordet, in Berlin der Studentenführer Rudi Dutschke. Der Vietcong startet die Tet-Offensive und besetzt vorübergehend die US-Botschaft in Saigon. Die US-Armee metzelt fünfhundert Zivilpersonen nieder. An den Olympischen Spielen in Mexiko-Stadt erheben die Sprinter Tommie Smith und John Carlos während der Siegerehrung zum Zweihundert-Meter-Lauf die Faust als Symbol der Black-Power-Bewegung. Sie werden aus dem US-Team ausgeschlossen und aus dem Olympischen Dorf ausgewiesen. In der Tschechoslowakei wird der Prager Frühling niedergeschlagen. In Mexiko werden dreihundert friedlich demonstrierende Student:innen massakriert. In den USA und in Europa eskalieren Jugendproteste in Gewalt und Gegengewalt. In Zürich kommt es im Anschluss an eine Demonstration für ein Autonomes Jugendzentrum zum Globus-Krawall. In Nigeria führt der Biafra-Krieg zu einer verheerenden Hungerkatastrophe. In Deutschland verkauft die Quelle GmbH als erstes Versandhaus Tiefkühlkost. Im dänischen Billund wird das Legoland eröffnet. In der Schweiz werden 105 130 Menschen geboren, 57 374 sterben, davon 22 in Schneelawinen. Die Schweizer Stimmbevölkerung beschliesst eine allgemeine Steueramnestie.

SIPPENHAFT

Wenn man uns alle auf den Mond verbannen würde, sodass es auf der Welt und in der Schweiz keine Jenischen mehr hätte, wären wir nicht einmal dort sicher. In dem Moment, in dem einer ein Fernrohr nehmen, hinaufschauen und einen schwarzen Punkt sehen würde, würde auch dieser stören.

Claude Gerzner in der Sendung «Zebra»,
Schweizer Fernsehen SRF, 12.10.1996

1986 feiert Mariella im Theater 1230 in Bern die Premiere ihres Theaterstücks «Kinder der Landstrasse». Ich bin verladen. Heroin, Kokain, Hasch. Was greifbar ist. Seit vier Jahren bin ich kein Heimkind mehr. Mit dem Stoff habe ich vorher angefangen. Mit zehn gesoffen und geraucht, mit zwölf gekifft, mit vierzehn gefixt. Wir haben alles ausprobiert. Im Heim musst du tun, was verboten ist, sonst wirst du als Zombie entlassen.

Ich wohne in einem besetzten Haus. Meine Mutter hat mich 1983 rausgeschmissen. Sie war in Spanien, wollte herausfinden, warum Frauen in der Arena Stiere töten. Daraus wird ihr Buch «Das Licht der Frau». Die deutsche Schriftstellerin Gisela Elsner zerpflückt es im Oktober 1984 in der Zeitschrift «stern» nach Strich und Faden. Sie verachtet «dem Frausein frönende Frauen». Das Leiden beim Lesen des Buches werde bloss von Mariellas Martyrium beim Schreiben getoppt. So ungefähr hätte ich das damals auch gesehen, wenn ich es mitgekriegt hätte. Nur war ich mit meinem eigenen Leben beschäftigt. Zu diesem Zeitpunkt sind Mariella und ich fertig miteinander.

Mariella kehrt aus Spanien nach Bern zurück. Ich habe die

25

Wohnung ruiniert. In mir wütet auch ein Stier. Wir haben Party gemacht. Ich und die anderen Punks. Gesoffen, gesnifft, gefixt. Dabei sind einige unserer Ratten abgehauen. Sie haben es sich unter dem Parkettboden gemütlich eingerichtet. Und sie haben es nicht weniger toll getrieben als wir. Bald lebt unterhalb des Stamms der Punks der Stamm der Ratten. Der Schaden kostet 140 000 Franken.

Mariella flippt aus. Ich will dich nie mehr sehen, schreit sie. Und ich will dir nicht zuschauen, wie du dich zu Tode säufst, brülle ich. Ich ziehe aus. Für immer. Wir haben beide unseren Kopf.

Ich hasse und ich liebe Mariella. Diese Ambivalenz setzt mich 1986 im Theater 1230 doch wieder neben sie. Marianne Pletscher dreht einen Dokumentarfilm. Ich trage schwarz, ein Armband mit Nieten. Wir scherzen. Ich lache in die Kamera, als wäre es das letzte Mal.

Es ist einer meiner schlimmsten Momente. Ich ertrage es nicht, wenn Mariella trinkt. Seit Jahren nicht. Sie säuft in den Berner Szenekneipen herum. Feiert, grölt, schimpft, lallt. Verpasst Polo Hofer ein blaues Auge. Im Café des Pyrénées, seinem Stammspunten. Zieht mit allen möglichen Typen umher. Musiker, Maler, Bildhauer, Politiker. Ich kann es nicht haben, wenn mich einer von denen bevattert. Ich kann es überhaupt nicht haben, dass ich mit besoffenen Hippies herumziehen muss, wenn ich bei meiner Mutter sein will. Darum gehe ich zugedröhnt an die Premiere.

Auf der Bühne wird «Kinder der Landstrasse» oder «Akte M. Xenos ill. *1947, Akte C. Xenos ill. *1966» uraufgeführt. Mariella hat es geschrieben. Vorlage waren unsere Vormundschafts- und Psychiatrieakten. «Xenos» ist die Familie Mehr, «ill.» steht für illegitim. M. ist Mariella, C. bin ich. Xenos, das sind wir. «Xenos» ist unser Pseudonym in den Familienakten der Klinik Waldhaus in Chur. Dort wurde Mariella begutachtet und behandelt.

Benedikt Fontana nennt uns «Xenos». 1966 ist er Arzt in Münsingen und Anstaltspsychiater in Hindelbank. Zuvor hat er im Waldhaus gewirkt. Als Mariella in Hindelbank eingesperrt wird, weiss Fontana alles über sie. Alles, was er wissen will.

Fontana schreibt seine Doktorarbeit über uns. Über «Herkunft und Entwicklung einer Vagantensippe» und den «Einfluss der Umerziehung auf dieselbe». Er verwendet unsere Akten. Baut seine Karriere auf uns auf. Will beweisen, dass man uns das Nomadentum austreiben kann, wenn man Eltern und Kinder spaltet.

Bei uns hat das Spalten bestens funktioniert. Das Nomadentum hingegen hätten sie uns gar nicht austreiben müssen, denn wir waren bereits sesshaft. Jedoch war es nach dem Entnomadisieren schwieriger, sich irgendwo niederzulassen als zuvor. Mariella ist herumgezogen, ich wurde herumgeschoben. Zur Ruhe gekommen sind wir beide nie. Wir sind weder fahrend noch sesshaft. Wir sind rastlos. Wir leben in einem imaginären Scharotl wie der fliegende Holländer in seinem Geisterschiff. In dieser Hinsicht ist Fontanas Exorzismus in die Hose gegangen.

1986 ist Fontana Direktor der Klinik Waldhaus in Chur. Mariella will ihn mit Worten stürzen. Sie ist laut und furchtlos. Das reicht aber nicht. Nicht in der Schweiz. Fontana bleibt ein respektiertes Mitglied der bürgerlichen Gesellschaft. Er wird 1991 pensioniert. Mariella hingegen wird angefeindet, bedroht und in Chur von Faschos überfallen.

Sie ist 1990 nach Graubünden gezogen. Dort heiratet sie Ueli. Im Ehevertrag will Mariella festschreiben, dass ich keinen Fuss über ihre Schwelle setzen darf. Nicht einmal zu Besuch. Ueli ist dagegen. Mit ihm komme ich gut zurecht. Nach den Überfällen ziehen die beiden nach Italien. Mariella hat die Nase voll von der Schweiz. Ich fahre ab und zu hin, obwohl sie mich nie mehr sehen will. Beide sind wir stur und inkonsequent zugleich.

Zwölf Jahre nach der Premiere ihres Theaterstücks schenkt die Universität Basel 1998 Mariella den Ehrendoktortitel. Jetzt steht sie praktisch auf derselben Stufe wie Fontana. Rein akademisch gesehen. Diese Verleihung stand in vielen Zeitungen. Möglicherweise sogar in Chur. Ich würde gerne wissen, was Fontana gedacht hat, falls er davon erfuhr. Dass er recht habe, wahrscheinlich, dass Mariella seine These bestätige, dass sie ihren Erfolg seiner Umerziehung verdanke und so weiter und so fort ...

Zur selben Zeit fliege ich aus der Therapie. Bin beim Fixen erwischt worden. Zum vierten Mal. Ich gehe zurück nach Zürich. Ich haue alles rein, was ich kriege. Heroin und Kokain im Cocktail. Wenn möglich Benzos dazu. Rohypnol, Valium oder Dormicum. Triathlon nennt sich das.

Ich schlage mich auf der Gasse durch. Schlafe im Wald. Arbeite an der Langstrasse als Vermittler für einen Albaner. Ich schaffe Kundschaft herbei und kriege dafür etwas vom Stoff ab. Den Häuserblock an der Ecke Langstrasse / Neugasse haben wir gut im Griff. Er hat vier Zugänge. Einer ist immer frei, wenn die Bullen auftauchen.

Junkies kommen und gehen. Einige sind genauso abgebrannt wie ich, den meisten geht es besser. Viele kenne ich. Und sie kannten mich, als ich noch selbst gedealt hatte. Als ich noch Geld hatte, eine Wohnung, eine Freundin. Schadenfreude sehe ich selten. Wer in dieser Zeit auf Heroin ist, weiss, was auf dem Spiel steht.

Den Albaner mag ich nicht, weil er seinen Sohn dabeihat. Er weiht sein Kind in das Familiengeschäft ein. Als wäre Drogenverkaufen dasselbe wie Brotbacken oder Autoreparieren. Ich würde meine Kinder niemals hineinziehen. Vielleicht auch bloss deshalb nicht, weil ich mir das leisten kann. Trotz allem.

Möglicherweise wird ihn sein Sohn später deswegen genauso hassen, wie ich Mariella gehasst habe für unsere gemeinsamen Beizentouren. Vielleicht aber auch nicht. Fontana würde dem Albaner bestimmt das Kind wegnehmen lassen, wenn er könnte.

«Ich habe Fontanas Werk unter anderem fast 19 Monate Gefängnis in Hindelbank zu verdanken, die darauf abzielten, meine Heirat mit dem Vater meines Sohnes zu verhindern», sagt Mariella in ihrer Dankesrede an der Uni Basel. Fontana habe das Leben ihrer Mutter ganz zerstört, ihr eigenes beinahe und meines ebenfalls vollständig.

Das stimmt nicht. Wir sind beide nicht gebrochen. Wir sind versehrt, gebrandmarkt, traumatisiert und verdammt süchtig, aber nicht gebrochen.

Für Mariella war ich schon immer der schlimmere Süchtige von uns beiden. Doch meine Sucht hat mich genauso wenig zerstört wie Mariellas emotionale Kälte und die Schläge im Heim. Ich habe gelernt, damit zu leben. Andere haben sich umgebracht. Wieder andere haben sich selbst zu lebenden Leichen gespritzt. Manchmal hat dies auch die Psychiatrie übernommen. Ich aber bin immer noch hier mit meinem ruinierten Körper und meiner grossen Schnauze.

1973

Christians Vater stirbt in Rom. In Zürich wird das «Hilfswerk Kinder der Landstrasse» aufgelöst. Christian hat schlimme Zeiten im Kinderheim Sardasca in Klosters hinter sich. Von dort entführt ihn Mariella in einer Nacht- und Nebelaktion. Der Versuch, eine Familie zu sein, geht schief. In der Schule hat Christian Tobsuchtsanfälle. Er kommt in die Jugendpsychiatrische Klinik Neuhaus. In Bern lobbyiert eine palästinensische Delegation für die Einrichtung einer ständigen Vertretung der PLO in der Schweiz. Beim Verlassen des Bundeshauses meint ein palästinensischer Politiker, ein solches Aussenministerium ohne Polizeischutz und mit Gemüsemarkt vor der Tür würde er sich für Palästina auch wünschen. In einer Volksabstimmung wird das seit dem Sonderbundskrieg von 1847 geltende Verbot des Jesuitenordens aufgehoben. Im US-Bundesstaat South Dakota besetzen Oglala Lakota die Ortschaft Wounded Knee für 71 Tage und demonstrieren für mehr Rechte der indigenen Bevölkerung. In Auseinandersetzungen mit Sicherheitskräften gibt es Tote auf beiden Seiten. In Chile wird die demokratisch gewählte Regierung von Salvador Allende in einem vom CIA unterstützten Militärputsch gestürzt. Der Nahostkonflikt eskaliert im Jom-Kippur-Krieg. Weil die USA Israel mit Waffen unterstützen, verhängen die arabischen erdölproduzierenden Länder einen Ölboykott. Die OPEC erhöht den Ölpreis um siebzig Prozent. Die Ölkrise beendet dreissig Jahre Hochkonjunktur. Der Bundesrat verordnet drei autofreie Sonntage. Mangels Taxis reitet Joan Baez in Montreux zu Pferd vom Hotel in die Konzerthalle. Pink Floyd veröffentlicht «The Dark Side of the Moon». In der Schweizer Jahreshitparade schafft es Suzi Quatro mit «Can the Can» auf Platz vier und mit «48 Crash» auf Platz zehn. Die Temperaturen sind im Januar zu mild, dafür schneit es im April ungewöhnlich viel.

AKTEN VERNICHTEN

Die Akten waren das Gedächtnis des «Hilfswerks» und bildeten die Grundlage gerade für die wichtigsten Entscheide der Vormunde, von Behörden, Heimen und Anstalten. [...] Weil sie für die Betroffenen in der Regel
unsichtbar blieben, waren die Akten beziehungsweise die darin ent-
haltenen und transportierten Informationen besonders wirkmächtig.
Sara Galle und Thomas Meier, Von Menschen und Akten, 2009

Benedikt Fontana ist von 1977 bis 1991 Direktor der Klinik
Waldhaus in Chur. Dieser Höhepunkt in seiner Karriere ist
nicht selbstverständlich. Fontana erlangt die Doktorwürde erst
im zweiten Anlauf, und auch seine praktische Tätigkeit als Arzt
ist nicht unumstritten. Doch werden Vorwürfe gegen ihn erst
in den 1980er-Jahren publik. Nicht zuletzt auf Betreiben von
Mariella Mehr.

Sie verarbeitet das Schicksal ihrer Mutter wie auch ihr
eigenes in ihrem ersten Roman «steinzeit», der 1981 erscheint.
Darin thematisiert sie das Familienstigma: «doktor antov zu
silvia: ‹wir wissen, dass du die krankheit deiner mutter geerbt
hast. du bist jung, deine hysterie werden wir heilen können.›»
Die Klinik Waldhaus spielt in diesem Roman eine wichtige
Rolle, denn wo die Handlung stattfindet, ist offensichtlich:
«psychiatrische heil- und pflegeanstalt ‹waldheim›. ich stehe
vor dem wachsaal. ich bin vierzehn jahre alt. drinnen die stimmen von dr. adler und dr. blumenstein. eine frau weint.»

In seiner «Inaugural-Dissertation zur Erlangung der Doktorwürde» an der Universität Bern beschäftigt sich Fontana mit der Sippe «Xenos». Das ist ein Code für die Familie Mehr. Wie das Sippenregister der Klinik Waldhaus enthalten auch die Akten der Pro Juventute ein Familiendossier mit einem grossformatigen Stammbaum. Darauf bezieht sich Fontana.

Sein Werk mit dem Titel «Nomadentum und Sesshaftigkeit als psychologische und psychopathologische Verhaltensradikale: Psychisches Erbgut und Umweltprägung – Ein Beitrag zur Frage der Psychopathie» hat 26 Seiten, das Literaturverzeichnis 16 Titel. Keinen der 22 beschriebenen Fälle kennt Fontana aus eigener Erfahrung. Er hat nie mit den Menschen gesprochen, die er für geisteskrank und asozial erklärt. Er hat im besten Fall die Akten der Pro Juventute gelesen, sehr wahrscheinlich aber nicht einmal dies, denn er scheint grosse Teile seiner Dissertation aus der Diplomarbeit einer Sozialarbeitsstudentin abgeschrieben zu haben, die dieselben Akten verwendete.

«Wir untersuchten 22 Sippenangehörige, die schon in der Kindheit aus dem Sippenmilieu entfernt und in Pflegefamilien oder Heimen erzogen wurden.» Das sind 22 Mädchen und Jungen, die Fontana im Hinblick auf ihre «Psychopathie» einer Ferndiagnose unterzieht. Diejenigen, die «bei Abschluss der Untersuchung einen festen Wohnsitz hatten, dauernd einer geregelten Arbeit nachgingen und sich in die bürgerliche Gesellschaft eingelebt hatten, wurden als Erfolg gebucht. Dort, wo sich neben der Sesshaftigkeit noch eine gewisse Unstetigkeit zeigte, wurde eine besondere Klassierung vorgenommen. Als Versager galten alle diejenigen, die trotz Umerziehungsversuch zur Vagantität zurückkehrten.»

Zehn «Verbürgerlichungen», vier «Versager» und sieben «unstetige». Das ist ein «Umerziehungserfolg» von fünfzig Prozent. Trotzdem sei Zwang erfolgreich, wenn «die konsequente Entfernung aus dem angestammten Milieu» früh erfolge. «Aus jüngster Zeit sind [...] erfolgreiche Umerziehungsversuche an Vagantenkindern durch die Pro Juventute bekannt geworden.»

Für dieses Werk verleiht die Universität Bern Fontana 1967 den Doktortitel. Fünf Jahre, bevor das Treiben von Pro Juventute zu einem öffentlichen Skandal wird. Es ist Fontanas zweiter Anlauf. 1958 wird die Promotion abgewiesen. Neun Jahre später klappt es dann mit einem neuen Doktorvater.

Ende der 1980er-Jahre – Fontana ist in Chur noch im Amt – beantragt Mariella Mehr, dass ihm die Doktorwürde aberkannt werde. Sie arbeitet als Journalistin in der «Wochenzeitung WOZ» und lanciert das Thema. Andere Medien greifen es auf, auch international. In der Schweiz setzen diverse Artikel Fontana unter Druck. Unter anderem wird eine alte Geschichte aus dem Frauengefängnis Hindelbank aufgerollt. Dort soll er 1976 telefonisch und ohne Konsultation einen Medikamentencocktail verschrieben haben, an dem eine Gefangene gestorben ist. In der Churer Klinik attestiert ihm ein interner Bericht lediglich zwei Jahre nach seinem Amtsantritt bereits mangelnde Führungsqualitäten. Trotzdem sieht die Bündner Regierung keinen Grund, Fontana infrage zu stellen. «Die Bündner Regierung und das vorgesetzte Departement hatten bisher keine Veranlassung, gegenüber Dr. Fontana Vorbehalte anzubringen», so der zuständige Regierungsrat Aluis Maissen. «Und zwar deshalb, weil seine fachliche und menschliche Qualifikation an sich unbestritten ist und weil die Vorwürfe, die heute erhoben werden in den Massenmedien, nicht Tatbestände betreffen, die in direktem Zusammenhang stehen mit der Klinik Waldhaus.» Trotz dieser Rückendeckung für Fontana wird das jenische Sippenarchiv von der Klinik ins Staatsarchiv verlegt. So ganz scheint die Regierung der Sache also doch nicht zu trauen, sonst würde sie kaum die Akten aus der Obhut der Klinik nehmen.

Die Universität Bern steigt ihrerseits nicht auf die Forderung ein, Fontana den Doktortitel abzuerkennen. Der Vorwurf der Ehrverletzung und Rufschädigung wird nicht geprüft. Lediglich die Frage, ob Fontana wissenschaftlichen Standards Genüge getan habe. Hat er nicht, sagt der Journalist Fredi Lerch 1989 in der «Wochenzeitung WOZ», weil Fontana die Akten der Pro Juventute unkommentiert übernommen und aus einer Diplomarbeit abgeschrieben habe, ohne diese im Literaturverzeichnis aufzuführen. Hat er doch, sagt die Medizinische Fakultät, mindestens aus damaliger Sicht. Fontanas Blick auf die Jenischen habe halt dem Zeitgeist entsprochen. Es dauert weitere gut zwanzig Jahre, bis sich der Basler S. Karger-Verlag 2000 bei Mariella Mehr für die Publikation von Fontanas Dissertation entschuldigt.

Benedikt Fontana handelt innerhalb einer langen Tradition. Ab Mitte des 19. Jahrhunderts professionalisiert sich die Psychiatrie in der Schweiz. Sie formiert sich als medizinische Teildisziplin. Diese Entwicklung geht einher mit der Hinwendung zu gesellschaftlichen Fragestellungen. Die Kliniken erfüllen zusehends sozialdisziplinäre Funktionen, wie der Historiker Urs Germann erklärt: «Die Psychiatrie bot sich der Gesellschaft als wirksames Instrument sozialpolitischer Interventionen gegen abweichende und abnorme Lebensweisen an. In diesem Zusammenhang stehen das Engagement führender Psychiater für eugenische Massnahmen sowie die wachsende Bedeutung der forensischen Psychiatrie in Zivil- und Strafrecht.»

Fontana benutzt und pflegt während seiner Tätigkeit in der Klinik Waldhaus das dortige Sippenregister. Dieses erfindet im frühen 20. Jahrhundert der Bündner Psychiater Johann Josef Jörger. Er leitet die Churer Klinik von 1892 bis 1930 und gehört zu einem Kreis von Medizinern, die sich in rassenhygienischer und eugenischer Absicht mit dem fahrenden Volk beschäftigen. Im Zuge seiner erbbiologischen Forschung zeichnet er Stammbäume verschiedener Familien. Diese werden zusammen mit den dazugehörigen Akten in einer Hängeregistratur abgelegt. Das wird das sogenannte Sippenregister. Es soll nachweisen, dass jenische Familien über Generationen hinweg degenerieren. «Seine genealogischen Untersuchungen stiessen in eugenischen und rassenhygienischen Wissenschaftskreisen auf grosses Interesse», bilanziert 2001 ein Werk zur Geschichte der Bündner Psychiatrie. «Zum einen galten sie speziell deshalb als wissenschaftlich fundiert, weil er den betroffenen Personen und ihren angeblichen Eigenschaften medizinisch-psychiatrische Fachbegriffe zuordnete. Zum andern lasen die Zeitgenossen die hohen Verwandtschaftsgrade in seinen Stammbäumen als empirischen Beweis für die Vererbung von Krankheiten.»

Ein Vorbild Jörgers ist Auguste Forel, 1879 bis 1889 Direktor der psychiatrischen Klinik Burghölzli in Zürich. Er ist ein Pionier der eugenischen Psychiatrie und glaubt, dass die meisten psychischen Krankheiten unheilbar und erblich seien. Ihre Verbreitung sei nur durch Unterbindung der Fortpflanzung zu erreichen. Als erster Europäer übernimmt Forel die Praxis von Kastration und Sterilisation aus den USA, wo sie hauptsächlich an der afroamerikanischen und indigenen Bevölkerung angewendet wird. Im späten 19. Jahrhundert kastriert Forel, danach steigt er auf Sterilisationen um. Damit beschert er der Schweiz eine unrühmliche Vorreiterrolle. In der Folge übernehmen diese Praxis auch skandinavische Länder und in Deutschland die Nazis. Der Kanton Waadt erlässt 1928 das erste europäische und in der Schweiz auch einzige Gesetz, das sozial- und rassenhygienisch motivierte Zwangssterilisationen und Zwangsabtreibungen ermöglicht. Es ist eine Art Vermächtnis Auguste Forels.

Seltsamerweise streiten sich Wissenschaft und Medien darüber, ob Forel Rassist sei oder nicht. Dagegen spreche, dass er Antisemitismus abgelehnt und primär medizinisch und nicht politisch argumentiert habe. Aus der Sicht seiner Opfer dürfte diese Argumentation zynisch wirken. Immerhin behauptet Forel, sogenannt minderwertige Menschengruppen müssten daran gehindert werden, sich fortzupflanzen, und wendet zu ihrer Bestimmung neben anderen auch rassistische Kriterien an. Zudem ist das Prinzip der Unterscheidung zwischen höher- und minderwertigen Menschen allein bereits rassistisch. Deshalb ziehen Mirjam Bugmann und Philipp Sarasin in einem Essay ein eindeutiges Fazit: «Dieser eugenische ‹Traum› einer ‹gesunden Gesellschaft› scheint vom plumpen Rassenhass weit entfernt, ja geradezu wissenschaftlich begründet zu sein – und doch zeigt die Analyse der Texte Forels, dass jener tiefe Schnitt, den sein diskursives Messer ebenso geschickt führt, wie er Hirnschnitte zu vollziehen und Kastrationen anzuordnen wusste, ohne Rassismus im engen Sinn des Begriffs gar nicht zu denken gewesen wäre.»

Bezeichnenderweise gehen im Zürcher Burghölzli während der ersten drei Jahrzehnte des 20. Jahrhunderts Rassentheoretiker ein und aus. Neben Johann Josef Jörger der italienische Arzt und Kriminalanthropologe Cesare Lombroso, der die Physiognomie des geborenen Verbrechers zu klassifizieren sucht. Zu diesen gehören laut Lombroso «Zigeuner», «Gauner» und «Landstreicher». Auch der deutsche Robert Ritter arbeitet im Burghölzli. In Nazideutschland wird er zu einer Schlüsselfigur der Verfolgung von Sinti und Roma. Er bezieht sich in seiner Habilitationsschrift auf Jörgers «Psychiatrische Familiengeschichten». Im Vorwort dankt er unter anderem der Schweizer Polizei für ihre «wertvollen Auskünfte» zur fahrenden Bevölkerung.

In dieser Tradition verschreibt sich in Chur Johann Josef Jörger der «Zigeunerfrage». Er tut es, um die Gesellschaft vor Gesellschaftsfeinden zu schützen. Die Überzeugung, dass bestimmte psychische Erkrankungen unmoralisch und damit für andere schädlich seien, übernimmt er von Eugen Bleuler, ab 1898 bis 1927 Forels Nachfolger als Direktor der Klinik Burghölzli in Zürich. Bleuler vertritt die seit dem 19. Jahrhundert in der Psychiatrie geläufige Ansicht, dass bestimmte Charaktereigenschaften als «moralischer Schwachsinn» bezeichnet werden können. Jörger überträgt diese Diagnose auf die fahrende Bevölkerung. Mit seiner psychiatrischen «Sippenforschung» will er beweisen, welche sozialen Übel die Fahrenden vererben: «Vagabundismus, Verbrechen, Unsittlichkeit, Geistesschwäche und Geistesstörung, Pauperismus.» Zu diesem Zweck untersucht und beschreibt er die Bündner Politik gegenüber der fahrenden Bevölkerung und versucht seinerseits, diese zu beeinflussen.

Johann Josef Jörger stammt aus Vals. Neben rassenhygienischen verfasst er auch volkstümliche Schriften. Darin lobt er die Sittenstrenge und Nüchternheit der Walser, die durch Meidung «fremder Weiber» «rassenrein» geblieben seien. Er publiziert und referiert. Findet offene Ohren in Armenpflege, Fürsorge, Vormundschaftsbehörden, Pfarreien, Gemeindepolitik. Um Fahrende sesshaft zu machen, erwägt Jörger Deportationen und Heiratsverbote. Ersteres hält er für nicht durchführbar, für das Zweite findet er keine Rechtsgrundlage. Zudem weigern sich viele Gemeinden, Fahrende anzusiedeln, weil sie steigende Fürsorgekosten befürchten. Also sucht Jörger einen Ausweg. «Es dürfte wohl kein anderes Mittel des Ausgleiches geben als die ganz frühe Entfernung der Kinder aus der Familie und eine möglichst gute Erziehung und Hebung auf eine höhere soziale Stufe, wenn die fahrenden Familien nach und nach in den sesshaften aufgehen sollen.»

Als Psychiater ist Jörger 1892 Gründungsdirektor der Klinik Waldhaus. Bei seiner Pensionierung erbt sein Sohn Johann Benedikt Jörger das Direktorenamt. Während Vererbung für die tiefere «soziale Stufe» zum Stigma erklärt wird, sichert sie der vermeintlich höheren Klasse ihren Status.

Für die Jenischen, die Jörger auf «eine höhere soziale Stufe» heben will, ist diese Nachfolgeregelung kein Glück. Sowohl Jörgers Sohn als auch seine weiteren Nachahmer bis hin zu Benedikt Fontana führen die sozial- und rassenhygienischen

Bestrebungen des Gründers fort. Über Jahrzehnte versucht man in Chur, Fahrende sesshaft zu machen.

Gottlob Pflugfelder, der die Churer Klinik Waldhaus von 1952 bis 1977 leitet, weitet das Sippenarchiv aus. Er sammelt und kategorisiert Generationen übergreifende Patientenakten und Gutachten. 42 von 502 Familiendossiers betreffen Jenische, 177 Personen sind mit der Krankheitsdiagnose «Vagant» gekennzeichnet. Für sechzehn dieser Menschen wird ein Heiratsverbot, eine Sterilisation oder eine Zwangseinweisung empfohlen. Neunzehn von der Pro Juventute bevormundete jenische Kinder werden im Waldhaus behandelt. Für vier von ihnen ordnet der behandelnde Arzt eine Sterilisation an, nachdem die Vormundschaft der Pro Juventute aufgehoben wurde. Das ist kein Zufall, denn Pro Juventute befürwortet Sterilisationen aus religiösen Gründen nicht. Das hindert das «Hilfswerk» aber nicht daran, das Sexualverhalten seiner Mündel zu pathologisieren. «Sexuelle Triebhaftigkeit» und «sittliche Gefährdung» lauten die Diagnosen. Aus sozialhygienischer Sicht sind aber nicht etwa die Mündel in Gefahr, vielmehr ist es die Gesellschaft. Pflugfelder folgt dieser Argumentation und will im Interesse eines gesunden «Volkskörpers» verhindern, dass «erbkranke» Menschen sich fortpflanzen. Für ihn sind Jenische «Parasiten dieser Gesellschaft».

Folgerichtig verlangt Pflugfelder 1961 als Voraussetzung für eine Heirat von einer Patientin, dass sie sich sterilisieren lasse. Sie ist ein ehemaliges Pro-Juventute-Mündel. Für Pflugfelder ist die Sterilisation aus «psychiatrischen», «eugenischen» und «sozialen» Gründen notwendig. In seinem Gutachten erklärt er die Frau für «nicht ehefähig», als Beweismittel dient ihm, dass sie aus einer grossen «Vagantensippe» stamme. Pflugfelder sorgt weiter dafür, dass die Vormundschaft über die Frau erst mehr als zehn Jahre nach erfolgter Sterilisation und Eheschliessung aufgehoben wird. So lange braucht er, um der Frau zu attestieren, dass sie keine Gefahr für die Gesellschaft mehr darstelle.

Auch Mariella Mehr wird in den 1960er-Jahren im Waldhaus «behandelt». Das für Pro Juventute von Pflugfelder verfasste Gutachten diagnostiziert «Erziehungs- und Anpassungsschwierigkeiten bei einer affektiv labilen, egozentrischen, reizbaren, verstimmbaren sowie etwas haltschwachen und geltungsbedürftigen Psychopathin mit neurotischen Zügen». Entsprechend düster ist die Prognose: «Die psychopathische Veranlagung (Anfälligkeit) wird sich möglicherweise durch die Intelligenz überdecken lassen, auf keineswegs für immer, irgend ein Ereignis kann alles durcheinander bringen und über den Haufen werfen – die Haltlosigkeit ist nach wie vor in grossem Masse vorhanden und wird (wieder) durchbrechen – eine spätere Dauer-Internierung der Tochter muss als sicher angenommen werden.»

Im Jahr 2017 feiert die Klinik Waldhaus ihr 125-jähriges Bestehen. Das ist Anlass für eine Jubiläumsbroschüre. Zwar gibt es je ein Foto von Johann Josef Jörger und von Benedikt Fontana. Auf Hochglanzpapier gedruckt ist jedoch bloss ein Teil der Geschichte. Begriffe wie «jenisch», «Eugenik» oder «Sippenregister» finden sich in dem Text nicht. Und die Anfänge der Klinik unter Johann Josef Jörger werden beschönigt: «In der Klinik wurden psychisch Kranke im Kanton erstmals behandelt anstatt weggesperrt.» Die jenischen Kinder, die ihren Eltern weggenommen worden waren, empfanden dies anders, wie ihre Briefe zeigen. Diese Kinder wurden etwa eingewiesen, weil sie auf der Arbeit frech waren und nicht gehorcht hatten. Weil sie ausgerissen waren oder weil sie Kontakt zu Eltern oder Geschwistern aufgenommen hatten. Manchmal waren es auch kleinere Diebstähle oder Schimpfworte. In vielen Fällen scheint die Einweisung für Pro Juventute einfach die bequemste Lösung gewesen zu sein. Bei einigen Kindern zeigte die medizinische Untersuchung Spuren körperlicher Misshandlung, deren Ursachen wurden nicht näher erforscht.

Dass die Jenischen nicht immer aus gravierenden Gründen in die Kliniken eingewiesen werden, kontrastiert stark mit der Behandlung, die sie dort erfahren. Die erste und wichtigste Medizin gerade für Pro-Juventute-Mündel heisst Arbeit. Funktioniert diese nicht reibungslos, wartet eine ganze Palette an Zwangsmassnahmen auf die Kinder und Jugendlichen. Die Macht der Ärzte ist enorm, ihre Methoden sind brachial. In der ersten Hälfte des 20. Jahrhunderts gehören Deckelbäder, Elektroschocks, Zwangsjacken, Isolationszellen und Schläge zum Instrumentarium. Ab den 1950er-Jahren nehmen medikamentöse Behandlung und Ruhigstellung zu. Im Zusammenspiel mit den Fürsorgeämtern beeinflussen Psychiater aber auch langfristig das Schicksal ihrer Schutzbefohlenen. Zu ihrem Repertoire zählen Vormundschaften und damit einhergehende Eheverbote, administrative Versorgung und Zwangseinweisung ohne Gerichtsbeschluss, Schwangerschaftsabbruch, Sterilisation oder Kastration.

Der Sinto Josef Anton R. wird 1934 kastriert. Er ist zu diesem Zeitpunkt erwachsen. Als Kind wird er zusammen mit seiner Familie in Identifikationshaft genommen. Diese wird angewendet, um ausländische Fahrende zu registrieren und danach auszuschaffen. Josef Anton R. wird seiner Familie aber nicht zurückgegeben. Er verbringt sein restliches Leben in der Schweizer Psychiatrie. Das Gutachten zur Kastration verfasst der deutsche Arzt und Nationalsozialist Herbert Jancke, der zu dieser Zeit als Assistenzarzt in der Schweiz arbeitet. Die zweite Unterschrift stammt vom Berner Universitätsprofessor und Klinikleiter Jakob Klaesi. Josef Anton R. stirbt 1972 in der Anstalt.

1934 tagt der Kongress der International Federation of Eugenic Organizations im Zürcher Hotel Waldhaus Dolder. Die schweizerische Gesellschaft für Psychiatrie ist Kollektivmitglied der Eugenik-Föderation. Der Diskurs beschränkt sich aber nicht auf die Medizin. Auch die «Schweizerische Zeitschrift für Gemeinnützigkeit» veröffentlicht rassenhygienische Artikel. Die Zürcher Amtsvormundschaft befürwortet – ausschliesslich freiwillige – Sterilisation und Kastration zu eugenischen Zwecken als «menschliche» Alternative zur lebenslangen Verwahrung.

Sterilisationen sind in den 1930er-Jahren verbreitet, werden punktuell aber bis Anfang der 1980er-Jahre durchgeführt. In der Stadt Zürich empfehlen Gutachten im Jahr 1929 Sterilisationen an 221 Frauen. 1930 sind es 230 Frauen und sechs Männer, 1931 235 Frauen und acht Männer. Die Opfer sind nicht ausschliesslich, aber meistens weiblich. Ausserdem Mitglieder der Unterschicht, Mitte zwanzig, ledig und «haltlos», was gleichbedeutend ist mit unverheiratet und schwanger. Deshalb sind sie auch bevormundet. Allerdings werden nicht alle unverheirateten Mütter sterilisiert. Der Ermessensspielraum von Psychiatrie und Vormundschaftsbehörde ist enorm, die Willkür riesig.

Nach dem Zweiten Weltkrieg und trotz Kenntnis des Massenmordes der Nationalsozialisten in Deutschland wird diese Praxis in der Schweiz nicht etwa aufgegeben, sondern fortgeführt. Meistens sogenannt freiwillig, wobei Freiwilligkeit ein dehnbarer Begriff ist. Häufig ist die Einwilligung in den Eingriff eine Voraussetzung für die Entlassung aus der Anstalt. Auch ist das Motiv für eine Sterilisation nicht immer rassistisch, sondern Teil der Armutpolitik. «Nicht selten dürfte es den beteiligten Fürsorgebehörden und Gemeinden primär darum gegangen sein, bei weiblichen Mündeln unliebsame Schwangerschaften zu verhindern», schreibt die Historikerin Marietta Meier.

Es gibt auch Frauen, die sich erfolgreich wehren: «Im Herbst 1965 lernte ich Peter M. kennen. Er verführte mich. Ich hatte keine Ahnung, weil ich nie aufgeklärt worden war. Mein Pech war, dass ich gleich schwanger wurde. Meine Mutter und ihr zweiter Mann sagten: ‹Dieser Bastard kommt uns auf keinen Fall ins Haus.› Deshalb kam ich zum zweiten Mal in die Psychiatrische Klinik Münsingen. Weil ich laut den Akten, die es dort ja bereits gab, psychotisch war, sah man für mich einen Schwangerschaftsabbruch und eine Zwangssterilisation vor. [...] Mir war klar, dass ich als Katholikin eine einzige Chance hatte, nämlich mit dem katholischen Priester in Kontakt zu kommen, der auf dem Areal verkehrte. Das gelang, und ich sagte ihm, man wolle das Kind in meinem Bauch ermorden. Der Priester half mir. Weder Schwangerschaftsabbruch noch Zwangssterilisation wurden durchgeführt.»

Mittlerweise gilt als erwiesen, dass in der Schweiz nicht systematisch sterilisiert wurde. Unberechenbarkeit und Willkür machen es für die Betroffenen allerdings zu einer Frage von Glück oder Pech, ob an ihnen ein massiver Eingriff durchgeführt wird oder ob sie für längere Zeit weggeschlossen werden. «Stark debile, infantile, haltlose, triebhafte und verstimmbare Psychopathin; ausgesprochene Rechenschwäche; stammt aus unerfreulichen Vagantenverhältnissen, war früher sexuell ausgesprochen triebhaft, führte zeitweise ein dirnenhaftes Leben; hat sich aber in den letzten Monaten ordentlich geführt» – ein solcher Akteneintrag kann ein Leben zerstören. Zu schnell wird aus einer unbegründeten Annahme oder aus einem nicht bewiesenen Verdacht eine Tatsache, wie das Beispiel der jenischen Rosa W. zeigt. Die Einträge in ihren Akten werden von verschiedenen Mitarbeiter:innen der Pro Juventute unhinterfragt übernommen und bei jedem Mal grundlos verschlimmert. Dabei geht es immer darum, eine noch einschneidendere, härtere Massnahme zu legitimieren. Am Ende steht die Versorgung in einem Gefängnis, obwohl der allererste Akteneintrag eine reine Vermutung ist, ohne dass die Mitarbeiterin zuvor überhaupt mit Rosa W. gesprochen hätte.

Je grösser die Willkür ist, umso stärker lastet auf der anderen Seite das Gefühl der Ohnmacht. «Was dort drinsteht, in den ganzen Akten, das ist unschreibbar. Bis in die 80er-Jahre hinein bin ich verfolgt worden. Werde ich heute noch verfolgt?», sagt die Jenische Stefania Stoffel 1989 einer Journalistin. Uschi Waser, ebenfalls Betroffene, leitet aus dieser Ohnmachtserfahrung ab, dass der Wahrheitsgehalt der Akten von Pro Juventute, Vormundschaftsbehörden und Psychiatrie ganz offiziell infrage zu stellen sei und dass die Aussagen korrigiert werden müssten: «Ich will, dass dies dereinst in den Geschichtsbüchern geschrieben wird, denn es ist ein Stück Schweizer Geschichte, was man an uns Jenischen verbrochen hat.»

Angesichts dieser Bedeutung der Akten für die Betroffenen ist es nicht erstaunlich, dass nach der Auflösung von «Kinder der Landstrasse» darüber gestritten wird, was mit den Akten geschehen soll, zeigen sie doch das ganze Ausmass an rassistischen Vorurteilen, Vorverurteilungen und Verfolgungen. Sie liegen bei Pro Juventute, in Kliniken, Heimen und Staatsarchiven. Die Jenischen selbst sind in dieser Frage gespalten. Einige wollen alles aufrollen und klären, andere möglichst schnell vergessen. Die Radgenossenschaft der Landstrasse verlangt die Herausgabe sämtlicher Dokumente. Dabei sollen die Akten nur den Betroffenen zur Verfügung stehen, niemandem sonst.

Der Bund sieht das anders. Die beteiligten Institutionen fürchten um ihren Ruf, allen voran Pro Juventute. Sie will die Akten 1986 loswerden und den Kantonen übergeben. Dies nehmen die Jenischen nicht widerspruchslos hin. Sie stürmen die Pressekonferenz von Pro Juventute unter dem Vorsitz von Alt-Bundesrat Rudolf Friedrich. Allen voran Mariella Mehr. Sie hält dem versammelten Stiftungsrat eine Standpauke, wie sie seine Mitglieder wohl kaum je zuvor erlebt haben. Zerknirscht und betreten starren sie auf ihre Unterlagen und lassen den Sturm über sich ergehen. Teresa Grossmann-Häfeli verlangt eine Entschuldigung für das begangene Unrecht. Die Stiftungsratsmitglieder fixieren noch konzentrierter das Papier auf dem Tisch. Der Präsident der Radgenossenschaft, Robert Huber, fordert, dass die Akten zunächst zentral bei den Jenischen gelagert würden. Den Kantonen traut er nicht. Rudolf Friedrich reagiert verbissen. «Eine Stiftung ist eine Fiktion. Sie hat kein Unrechtsbewusstsein», sagt er mit verkniffenem Mund.

Drei Wochen später werden die Akten nach Gutheissen einer verwaltungsrechtlichen Beschwerde vom Keller des Pro-Juventute-Hauptsitzes ins Bundesarchiv überführt. Zugriff nur für Betroffene. Es ist ein Teilerfolg für die Jenischen. Im gleichen Jahr beauftragt der Bundesrat die Stiftung Naschet Jenische, eine Kommission zu bilden, welche die Gesuche der Betroffenen um Einsicht in ihre Akten behandelt. Während der Budgetdebatte im selben Jahr entschuldigt sich Bundesrat Alphons Egli im Namen der Landesregierung bei den Jenischen für das Leid, das ihnen widerfahren ist. Er erklärt damit ganz offiziell subjektiv erfahrenes Unrecht zu objektiv definiertem Unrecht. 1987 entschuldigt sich auch der Pro-Juventute-Stiftungsrat, allerdings übernimmt der Vizepräsident, Rudolf Friedrichs Lippen bleiben verschlossen.

Nun beginnt für die Unrechtsbetroffenen das Gesucheschreiben, denn sie müssen beweisen, dass ihnen nach den als objektiv vorgegebenen Kriterien auch wirklich Unrecht widerfahren ist. Einmal mehr liegt die Definitionsmacht nicht bei ihnen, sondern bei Behörden und Verwaltung. Es sind Gesuche um Akteneinsicht, Gesuche um Wiedergutmachung, Gesuche um Anerkennung. Schmerzhafte Erinnerungen müssen reaktiviert, jedes Gesuch muss begründet werden. Formulare müssen ausgefüllt und Dokumente beigelegt werden. Jedes Gesuch kann natürlich auch abgelehnt werden. Dann beginnt die nächste Stufe, das Rekurseschreiben.

1989 werden den ersten Betroffenen ihre Akten ausgehändigt. Sechzehn Jahre nach der offiziellen Auflösung von «Kinder der Landstrasse». Meistens erhalten sie nicht die Originaldokumente, sondern geschwärzte Kopien.

Wer alle Akten hat, erlangt die Deutungshoheit über die Geschichte. Wer seine persönlichen Akten hat, erringt im besten Fall die Deutungshoheit über sein eigenes Leben zurück. Allerdings zerbrechen einige daran, mehrere bringen sich sogar um.

1975

Am 1. Januar beginnt das Internationale Jahr der Frau. Christian wird im Juni neun Jahre alt und kommt in ein Kinder- und Jugendheim. An den Wochenenden geht er häufig zu Mariella nach Bern. Dort wird die Radgenossenschaft der Landstrasse als Interessenvertretung der fahrenden Bevölkerung gegründet. Das erhöht ihre Präsenz im öffentlichen Leben der Schweiz. Unter anderem sind die Jenischen an den Thearena-Kulturwochen in Zürich zu Gast. Bei dieser Gelegenheit fordert Mariella im Namen der Radgenossenschaft Wohnwagenstandplätze in allen Kantonen und ein eidgenössisches Hausierergesetz. Mit der Revision des Betäubungsmittelgesetzes wird der Konsum illegaler Drogen strafbar, vorher waren lediglich Produktion, Handel und Besitz verboten. Ende Jahr stehen 649 Kläranlagen in Betrieb, ungefähr 55 Prozent der Bevölkerung sind an eine solche angeschlossen. Das Parlament beschliesst einen Investitionskredit von 1170 Millionen Franken für die Anschaffung von Tiger-F-5-Kampfflugzeugen. Im Rahmen des Europäischen Jahres für Denkmalpflege und Heimatschutz zeichnet der Europarat zwölf Schweizer Gemeinden für ihre denkmalpflegerischen Bemühungen aus. In Vietnam endet der Krieg mit dem Sieg des kommunistischen Nordens über den Süden und die verbündeten USA. In Spanien stirbt der Diktator Francisco Franco nach 36 Jahren faschistischer Herrschaft. Die OPEC erhöht die Ölpreise um zehn Prozent. In Erfurt (Thüringen) veranstalten Deutsche in den ersten ausländerfeindlichen Pogromen seit 1945 eine Hetzjagd auf algerische Menschen. In München wird der erste Frauenbuchladen eröffnet. In Neuseeland protestieren Indigene 29 Tage lang gegen Enteignungen, Landnahme und Verkäufe von Māori-Land. In den USA wird das Unternehmen Microsoft gegründet. Die sowjetische Raumsonde Venera 9 übermittelt erste Bilder von der Venus.

STEINZEIT

Nein, ich habe fast alles verdrängt aus dieser Zeit. Weil es so wehtat.
Weisst du, es war schon ein Kampf, aber es hat auch wehgetan. Sehr, sehr
weh. Darum musst du auch begreifen, dass ich viel, viel weggeschoben
habe. Sonst hätte ich nicht überleben können. Vielleicht hätte ich nachher
einiges besser gemacht, wenn ich es nicht verdrängt hätte. Aber es ist
nun mal so passiert, und ich kann es nicht ändern. Ich kann nur sagen:
Entschuldigung, Christian.
  Mariella Mehr im Interview, 24.07.2020

Irgendwann im Lauf von 1983 sagt Mariella, meine Grossmutter sei gestorben. Mehr brauche ich nicht zu wissen. Es ist
eine Information, nichts weiter. Ich fühle nichts dabei. Ich bin
Punk, organisiere Konzerte, besetze Häuser, gehe an Demos,
arbeite an Bars und in Küchen. Das ist jetzt meine Familie.

In dieser Zeit ist mir nicht klar, wie wenig ich über meine
Herkunft weiss und wie tragisch dies im Grunde genommen
ist. Nach den langen Jahren im Heim bin ich voll damit ausge-
lastet, mir die Freiheit die Kehle hinunterzuspülen und sie mir
in die Venen zu schiessen.

Ich habe Marie Emma Mehr nie gekannt. Lese zum ersten
Mal in «steinzeit» von ihr, Mariellas erstem Roman. Die erzwungene Beziehungslosigkeit zu ihrer Mutter. Die Wanderung
zu sich selbst.

Glaube ich Mariellas Erzählung, war meine Grossmutter
eine Hure. Eine Psychopathin. Eine Trinkerin. Sie hat ihr Leben
in Anstalten verbracht. Ist in einer davon jämmerlich verreckt.
Niemand weiss, wo sie begraben liegt. Niemand interessiert

sich dafür. Sie ist all das, was man uns über die Jenischen eintrichtern wollte.

Marie Emma Mehr wurde kaputt gemacht wie viele andere Jenische auch. Hatte nicht die Kraft und die Stärke, aufzubegehren und auszubrechen. Wie Mariella. Wie ich.

So viel zu Mariellas Version unserer Geschichte. Sie sagt viel über sie selbst aus und wenig über das Leben meiner Grossmutter. Marie Emma bleibt mir eine Unbekannte. Und zwischen Mariella und mir wiederholt sich die Geschichte. Unsere Seelen sind eingefroren. Sie wieder aufzutauen, ist eine Lebensaufgabe.

Die Beziehungslosigkeit kommt nicht von innen. Das verstehe ich 2007. Ich bin 41 Jahre alt. Seit sieben Jahren nehme ich keine harten Drogen mehr. Nach dem Entzug ist das Heroin weg, dafür sind die Schmerzen wieder da. Die Nachwirkungen meiner Verbrennungen. Je toter die Nerven in den Beinen, umso stärker der Schmerz. Ich würde Opioide kriegen, wenn ich wollte. Schachtelweise und ganz legal. Die Krankenkasse zahlt. Ein Arzt hat mir sogar vorgeschlagen, mir wieder Methadon zu verschreiben. Herkömmliche Schmerzmittel kämen an ihre Grenzen bei mir. Was für ein Hohn! In den zwanzig Jahren, in denen ich mir das Zeug selbst verordnet habe, waren es dieselben Schmerzen. Nur hat mich damals die Polizei gejagt und die Gesellschaft verstossen. Heute würde mir der Stoff hinterhergeworfen. Nun will ich ihn aber nicht mehr. Keine Opioide. So steht es in meiner Patientenverfügung.

Endlich lerne ich, meine Gedanken zu kontrollieren, anstatt mich von ihnen dominieren zu lassen. Dazu brauche ich einen klaren Kopf. Lieber wach liegen vor Schmerz. Das Einzige, was hilft, ist Kiffen. Das ist weniger schlimm als Heroin und seine legalen Schwestern, aber immer noch verboten.

Ich brauche sieben nüchterne Jahre, um wenigstens ein bisschen zu verstehen, was mit mir los ist. Mit uns, den Mehrs. Ich habe mich zwanzig Jahre lang durchgemischelt. Den

48

Moment gelebt. Party gemacht. Stoff gefixt, um die guten Gefühle hochzuputschen und die schlechten wegzudrücken. Dieses Muster schiebst du nicht einfach weg. Zuerst musst du lernen, mit all dem Scheiss klarzukommen, den du die ganzen Jahre über nicht wahrhaben wolltest.

Klarkommen ist nicht so mein Ding. Ich kann mich durchwursteln und herausreden. Ich kann mir Hilfe holen. Ich kann Leute überzeugen. Ich kann Kohle auftreiben. Ich kann auf die Tränendrüsen drücken. Ich gebe nie auf. Doch ich bin verflucht allein mit mir.

Es dauert also sieben Jahre, bis ich bereit bin, mich mit meiner Kindheit zu beschäftigen. Die Erlebnisse im Heim, die Beziehung zu Mariella, die Geschichte meiner Familie.

Wie nennt man eine Familie, die man nie hatte? Nichtfamilie? Pseudofamilie? Kryptofamilie?

Meine Spurensuche führt mich zunächst zurück nach Bern. Als Pro-Juventute-Opfer habe ich das Recht auf Akteneinsicht. Die Unterlagen lagern im Bundesarchiv. 36 Laufmeter Manipulation und Machtmissbrauch.

Mariella war cleverer. Sie ahnte, dass der Staat versuchen würde, die Fakten wegzusperren. Darum hat sie unsere Akten längst auf eigene Faust besorgt. Mit einem Freund ist sie 1979 bei Pro Juventute eingestiegen und hat unsere Schachteln aus dem Archiv geräumt. Das waren die Quellen für ihre ersten Texte. Für «steinzeit» und die Theaterstücke.

Mir hat sie diese Akten allerdings nie gegeben. Erst 2019, drei Jahre vor ihrem Tod, hat sie mir endlich erlaubt, sie einzusehen. Die ihren und diejenigen meiner Grossmutter. Um Mariella davon zu überzeugen, waren unzählige Gespräche nötig. Vor allen Dingen mussten wir uns einander wieder annähern. Besuchen im Heim, spazieren gehen, Hände halten. Das war 2019. Vorher wollte sie ihre Geschichte nicht mit mir teilen. Möglicherweise wollte sie mich vor der darin verborgenen Erkenntnis schützen. Sie dachte wohl, ich sei zu schwach dafür. Vielleicht wollte Mariella auch nicht, dass ich sie durch die Augen unserer Peiniger:innen betrachte. Ich weiss es nicht, sie hat es mir nie erklärt.

Jedenfalls wäre ich schon 2007 bereit gewesen für unsere gemeinsame Geschichte, nicht erst 2019. So aber kümmere ich mich zuerst um meine eigene Vergangenheit. Unsere Akten liegen nun im Schweizerischen Literaturarchiv. Meinen Teil der Akten darf mir der Bund nicht verweigern, diejenigen Mariellas und meiner Grossmutter schon, solange mir Mariella ihre Einwilligung nicht gibt.

Natürlich braucht es ein Gesuch. Anträge schreiben ist nicht meine grösste Schwäche, aber schon eine. Deshalb hilft mir die Historikerin Sara Galle, das Dossier zu beschaffen. Sie schreibt ein Buch über Leute wie mich: «Von Menschen und Akten. Die Aktion ‹Kinder der Landstrasse› von Pro Juventute». Darin wird unsere Familie für einmal nicht von Mariella vertreten, sondern von mir. Mariella ist deswegen fuchsteufelswild und droht mit einer Klage. Sie kann es nicht ausstehen, dass ich mir ein eigenes Bild mache. Sie hat Angst, dass ich etwas herausfinde, was ich nicht herausfinden soll. Aber was nur? Lügen? Eine andere Wahrheit? Es stimmt sowieso nichts, was in diesen Akten steht, sagt sie doch immer.

Christian, Chrigeli, Chrigu kriegt also Zugang zu seinem entmenschlichten Ich. Und er hat eine Scheissangst davor. Eine gigantische Angst.

Sara steht mir zur Seite. Sie begleitet mich ins Literaturarchiv, in mein ehemaliges Heim, in die psychiatrische Klinik. Sie spricht, wenn ich vor lauter Reden sprachlos bin.

So kommen wir zu all dem archivierten Gift über uns und die Jenischen. Der ganze verdammte Papierstapel wiegt 2,5 Kilogramm auf der Küchenwage. Er dokumentiert meine ersten Lebensjahre.

Was da steht, ist schwer zu ertragen. Sara sitzt neben mir. Wir lesen wenige Blätter auf einmal. Ärztliche Gutachten,

Rechnungen, Urkunden. Briefwechsel mit der Vormundschafts-
behörde des Bezirks Domleschg. Mit meiner Pflegemutter in
Hindelbank. Mit der Leiterin des Heimes Sardasca in Klosters-
Serneus, eine alte Furie, die mich mit einem Kochlöffel in der
Heimküche verdroschen hat. Einer riesigen Kelle aus einer
Grossküche, kein zierliches Teilchen aus dem Familienhaus-
halt.

Und immer wieder die Aktennotizen von Clara Reust. «Fürsorgerin» bei Pro Juventute. Die Vormundin von mir, meiner
Mutter und meiner Grossmutter. Eine Spiesserin, eine Christin,
die Kinder und ihre Eltern diffamierte, entwürdigte und mani-
pulierte.

Wir sprechen über das, was dasteht. Mehr als einmal sagt
mir Sara, dass dies nicht die Wahrheit sei. Es fühlt sich trotzdem so an. Als ob ich nicht ich wäre.

Pro Juventute gehört aufgelöst. Vorher gibt es keinen Frieden. Das geht mir durch den Kopf. Jede einzelne Seite schreit
es mir entgegen.

Manchmal kann ich lachen. Wenn Reust über den «dunkel-
häutigen», «halbwilden» Chrigeli lästert. Ein kleiner, nicht
ganz weisser Bengel weckt in ihr die Angst vor dem schwarzen
Mann.

Anderes zu erfahren, tut gut. Wie meine Grossmutter sich
gesorgt hat. Sie wollte mich besuchen. In Hindelbank, in Klosters und später in Bern. Pro Juventute hat es nicht erlaubt.
Emma hat mir Geschenke geschickt. Pro Juventute hat sie ab-
gefangen. Emma hat Karten und Briefe geschrieben. Pro Juventute hat sie nicht weitergeleitet.

Und dann Mariella. Meine Mutter. Wie sie gekämpft hat,
als ich nach dem Spital wieder nach Hindelbank geschickt
wurde. Zu genau jener Pflegemutter, die mich verbrüht hat.
Mariella hat alles versucht, um mich zurückzukriegen. Sie
hat geheiratet, sie hat eine feste Stellung gefunden und eine
Wohnung. Pro Juventute gab mich trotzdem nicht frei. Darauf-

hin hat Mariella Unterstützung gesucht. Hat respektable Mitglieder der bürgerlichen Gesellschaft mobilisiert, die Briefe schrieben und mit Rechtsmitteln drohten. Auf diese Weise in Bedrängnis gebracht, verfrachtete mich Clara Reust nach Klosters in mein erstes Heim. Möglichst weit weg von Mariella, die weiterkämpfte.

Das zu lesen, tut gut. Es schmerzt aber auch, denn in diesen Akten finde ich eine andere Mariella, als ich sie in meinem Leben kennengelernt habe. Eine bessere Mariella, eine, wie ich sie mir gewünscht hätte. Diejenige Mariella, die ich 1973 antreffe, schiebt mich umher, deponiert mich bei Bekannten und verschwindet mit einem Lastwagenfahrer für einen mehrwöchigen Trip in den Iran. Diese Mariella hält auch meine Grossmutter auf Distanz. Die aktenkundige Mariella jedoch liebt ihren Sohn, kämpft mit allen Tricks um ihn, bis sie ihn endlich hat. Dann wird sie zu der Mariella, wie ich sie kenne. Das bleibt so bis kurz vor ihrem Tod.

Fuck.

Es ist ein Skandal, eine Schande, eine Katastrophe, ein Verbrechen. Es ist etwas, das sich nicht in Worte fassen lässt. Das Kämpfen stumpft Mariellas Gefühle ab. Die gewaltsame Trennung entfremdet uns voneinander. Wir wären eine Familie geworden, hätten sie uns in Ruhe gelassen.

«Ich wünsche Dir Glück, Frieden und einen langen Tod. Nur Lebende müssen sich erinnern.» Mit diesen Worten endet ein Brief von Mariella an meine Grossmutter. 1989 geschrieben, 1996 überarbeitet, 1998 an der Feier zur Verleihung des Ehrendoktortitels gelesen, 2017 publiziert.

Es hat lange gedauert, bis Mariella sich mit ihrer Mutter versöhnt hat. Vorher hat sie sie verleugnet, verachtet, verflucht. Hat sie mir vorenthalten. Und als sie endlich so weit war, kam Mariella auf ihre Weise ins Reine mit sich selbst. Für sich allein und für die Welt, aber nicht für mich. Literarisch eben. Wir hingegen haben nie miteinander über unser Schicksal

gesprochen. Mariella hat mir bloss «steinzeit» in die Hand
gedrückt.

Und so lerne ich meine Grossmutter erst durch die Akten
kennen, die Mariella 2019 freigibt. Ich treffe einen anderen
Menschen an als in Mariellas Romanen. Es ist genauso wenig
der Mensch, den ich hätte kennen können. Es ist der Mensch,
den Pro Juventute aus Marie Emma Mehr gemacht hat.

1977

Christian ist elf Jahre alt und durchläuft traumatische Zeiten im Jugendheim. Im Urlaub sieht er im Zürcher Kino Apollo «Star Wars» – damals eine grosse Sache. Weil er damit angibt, wird er von anderen Kindern verprügelt. Im Kanton Bern wird eine jenische Familie aus mehreren Gemeinden vertrieben. Ihr Schicksal beschäftigt die Medien für kurze Zeit. Mariella Mehr wiederholt die Forderung nach gesetzlich garantierten Stand- und Durchgangsplätzen für Fahrende. Kurt Furgler ist Bundespräsident. Benedikt Fontana wird Direktor der Klinik Waldhaus in Chur. In Volksabstimmungen werden zwei sogenannte «Überfremdungsinitiativen» abgelehnt. Ebenso die Initiativen für einen besseren Mieterschutz und für eine Fristenlösung beim Schwangerschaftsabbruch. In Basel wird ein Gymnasiast zu sechseinhalb Jahren Zuchthaus verurteilt, weil er für sich und seine Freundin 150 Gramm Heroin beschafft und teilweise weiterverkauft hat. Mehr als doppelt so viele Menschen sterben an einer Überdosierung mit illegalen Drogen als 1975, als Drogenkonsum verboten wurde. Elvis Presley stirbt an Herzversagen. In England explodiert der Punk, in den USA entsteht der Hip-Hop. «Swiss Lady» von Pepe Lienhard belegt Platz drei der Single Charts. Deutschland erlebt einen Terror-Herbst. Im jurassischen Grenzort Fahy schiessen Mitglieder der Roten Armee Fraktion RAF auf Schweizer Grenzwächter. Der Journalist Hans-Rudolf Lehmann deckt in einer Radiodokumentation auf, dass Schweizer in der Waffen-SS gedient haben. Das Statistische Jahrbuch registriert 3 068 700 in der Schweiz lebende Männer und 3 228 900 Frauen. Minderjährige sind mitgerechnet, andere Geschlechter werden nicht gezählt. Der südafrikanische Bürgerrechtler Steve Biko stirbt nach Folterungen durch die Polizei. Schweizer Banken haben in Südafrika 2590,9 Millionen Franken Guthaben und 746,5 Millionen Verpflichtungen.

MARIE EMMA MEHR, 1924-1983

Die trübe Vorahnung, die wir schon im ersten Jahr nach der Übernahme hatten, ist leider noch übertroffen worden. Marie Emma Mehr ist wahrscheinlich eine von den am meisten heruntergekommenen unserer Schützlinge, doch handelt es sich bei ihr offensichtlich um eine von Geburt an nicht normale Persönlichkeit. Wenn sie auch bisher keine Beziehungen zum fahrenden Volk aufgenommen hat, so ist doch für die Zukunft auch diese Möglichkeit nicht ausgeschlossen; auf jeden Fall müssen wir sie in unserer Statistik zu den Versagern zählen.
Alfred Siegfried, Pro Juventute, 1958

«der verzweifelte schrei meiner mutter war mein wiegenlied und das weiss des hauses, in dem meine geburt geschah, wurde zur farbe des schreckens.» So beschreibt Mariella Mehr 1981 in ihrem ersten Roman «steinzeit» das Milieu und die Atmosphäre, in die sie hineingeboren wurde. Weder die Ich-Erzählerin noch deren Mutter haben in Mehrs Geschichte eine Chance, eine Beziehung aufzubauen. Ohnmacht, Zwang und Gewalt sind allgegenwärtig. «angst, mutter, tod, nacht. ein zustand, der sich ins wölfische auswächst, ausbricht, die gärten der hoffnung zerstört, sich durchfrisst bis an den rand des herzens.»

Was Mariella Mehr sprachmächtig beschreibt, hat System.

55

Pro Juventute unterbindet gezielt den Aufbau von Beziehungen zwischen Eltern, Kindern und Geschwistern. In der Phase der Aufarbeitung dessen, was «Kinder der Landstrasse» angerichtet hat, wird diese Erfahrung in den 1980er-Jahren von Betroffenen immer wieder angesprochen. In den Worten von Robert Huber, dem damaligen Präsidenten der Radgenossenschaft der Landstrasse, tönt es so: «Wenn ich so zurückblicke auf meine Familie, ist das Werk der Pro Juventute eigentlich ganz gut gelungen. Man hat uns nicht nur getrennt, man hat uns auch das, was Schwester und Brüder, was Geschwister verbindet, das hat man uns auch genommen. Wenn ich heute mit meinen Geschwistern rede und wir zusammenkommen, ist das eigentlich dasselbe, wie wenn ich mich mit irgendeinem guten Kollegen auf der Strasse treffen würde. Wir haben die Beziehungen in der Familie überhaupt nicht mehr gefunden.»

Ganz ähnlich verläuft es nach Christians Geburt zwischen ihm, Mariella und seiner Grossmutter. Letztere wird über die Geburt ihres Enkels erst gar nicht informiert. Im August, zwei Monate nach Christians Geburt, weiss Marie Emma Mehr immer noch nicht, «was» Mariella «geboren hatte und wann», notiert Clara Reust. Später, als Marie Emma Mehr von ihm weiss, schickt sie Briefe und Pakete an Pro Juventute. Sie werden nicht weitergeleitet. Im Juli 1966 bittet Clara Reust Marie Emma Mehrs Ärztin in der Klinik Königsfelden, «Ihre Patientin zu überzeugen, vorderhand keine Pakete mehr für ihre Tochter in Hindelbank schicken zu wollen».

Christians Grossmutter ruft Reust an, weil sie seit Wochen nichts von ihrer Tochter gehört hat. Sie bittet sie, Mariella möglichst bald aus dem Gefängnis zu entlassen. Clara Reust erwidert, Marie Emma Mehr solle ihrer Tochter in Zukunft nur noch ein Paket pro Monat schicken. «Kleinkindersachen sind nicht nötig.»

Christians Grossmutter lässt sich damit nicht abspeisen.

Am 19. September 1966 reist sie nach Zürich und besucht Clara Reust unangemeldet in ihrem Büro. Sie will Reust überzeugen, ihr zu erlauben, Mariella und Christian in Hindelbank besuchen zu dürfen. Offensichtlich glaubt sie, Reust beweisen zu müssen, dass sie sich gebessert habe. Nach Reusts Massstäben natürlich. Marie Emma betont mehrmals, dass sie keinen Alkohol mehr trinke, selbst wenn sie nicht bloss ein Tea-Room aufsuche, sondern ein Restaurant. Ausserdem habe sie eine feste Anstellung und bestreite ihren Lebensunterhalt selbständig. Sogar in dem emotionslosen Resümee Clara Reusts wirken Marie Emma Mehrs Bitten dringlich. Reust hält das Gespräch in einer Aktennotiz fest, die sie in Christians Dossier legt. Damit sollte die Sache aus ihrer Sicht erledigt sein.

Die Fürsorgerin spricht in ihren Akteneinträgen von sich selbst in der dritten Person als «CR». CR lässt sich nicht erweichen. Christians Grossmutter sei selbst schuld an ihrem Schicksal, «gibt CR der Frau zu verstehen. Zudem sei sie grundsätzlich gegen einen Besuch in Hindelbank, im Interesse beider Teile, doch verspricht sie [...], dass Marietta nach ihrer Entlassung selbstverständlich nach freiem Willen ihre Mutter besuchen dürfe.» Marietta ist Mariella Mehrs Taufname. Sie ändert ihn in einem Akt der Selbstermächtigung in Mariella um.

Reusts Gnadenlosigkeit zeigt, wie sehr sie das Dogma ihres Vorgesetzten Alfred Siegfried verinnerlicht hat. Er ist es, der den ideologischen Überbau von «Kinder der Landstrasse» entworfen und 1964 publiziert hat. Er ist Gründer und langjähriger Leiter des vermeintlichen Hilfswerks. Benedikt Fontana stützt sich auf Siegfried, wenn er in seiner Dissertation schreibt: «Es hat sich immer wieder gezeigt, dass schon kurze Besuche aus der Sippe das Verhalten der Kinder ungünstig beeinflussten.» Das ist wissenschaftlich verbrämte Kaltherzigkeit im Christusgewand. Unter solchen Vorzeichen nützt alles Insistieren nichts, CR notiert, Marie Emma Mehr will «beim

Adieu nochmals ganz sicher wissen, dass ihre Tochter sie früher oder später besuchen darf». Ändern wird dieser Eintrag nichts.

Christians Grossmutter ist machtlos. Marie Emma Mehr ist selbst ein Opfer von Pro Juventute. In den Akten von «Kinder der Landstrasse» zählt der «Fall 10, M. E. Xenos, 1924» zu den «Versagern». In den Akten der psychiatrischen Klinik Waldhaus in Chur steht, Marie Emma stamme «aus der schwer belasteten Vagantensippe Mehr, in welcher gehäufte Fälle von schwerer Trunksucht, liederlichem, sexuell triebhaft-haltlosem Lebenswandel, Kriminalität und Schwachsinn vorkommen». «Schwer belastete Vagantensippe» ist eine Standardformulierung, die sich in jedem einzelnen jenischen Dossier der Klinik Waldhaus findet. Das heisst nichts anderes, als dass das Kind entweder «psychopathisch» sei oder «debil», häufig auch beides zusammen.

Marie Emma Mehr wird mit sechs Jahren ihren Eltern weggenommen. Ihr Vater und ihre Mutter werden wegen «Liederlichkeit» in Arbeitserziehungsanstalten gesteckt. Für Christians Grossmutter beginnt eine Odyssee durch Pflegefamilien, Heime, Anstalten und psychiatrische Kliniken. Die von Fontana zitierten Akten unterstellen ihr von früher Kindheit an «eine krankhafte Phantasie», ein «überreifes, arbeitsscheues und mürrisches Wesen», «zügel- und hemmungslose Triebhaftigkeit». Sie sei «verschlossen, raffiniert und intrigant». Das sind stereotype Formulierungen, die für die Beschreibung anderer Kinder genauso verwendet werden.

Das diagnostische Repertoire ist begrenzt, das Arsenal an Diffamierungen immens. «Bildungsarm», «arbeitsscheu» und «haltlos» gehören zu den netteren Charakterisierungen. Auffallend sind sexualisierende und pathologisierende Attribute: «bubensüchtig», «triebhaft», «dirnenhaft», «debil», «imbezil», «schwachsinnig». Positive Wertungen finden sich selten, und wenn, dann negativ formuliert: «stiehlt nicht», «keine Schwierigkeiten». «Selten bleibt es bei einem einzelnen Stigma», schreiben Sara Galle und Thomas Meier, «denn wer dumm ist, ist auch faul, und wer lügt, stiehlt auch oder ist unaufrichtig, und wer stiehlt, ist auch frech, und Zigeuner sind durchtrieben und so weiter.»

Sind die Kinder erwachsen geworden, wird bilanziert. Entweder werden sie als «vagant» oder «unstet» abqualifiziert und als «Versager» abgestempelt oder als «angepasst» zum Umerziehungserfolg emporstilisiert.

Marie Emma Mehr hat keine Chance, ein selbstbestimmtes Leben zu führen, gerade weil sie sich wehrt. Sie zeigt sich ungehorsam und unternimmt immer wieder Fluchtversuche. Laut Fontana wird sie wegen Bedrohung eines Beamten verurteilt, dem sie sich widersetzt hat.

Auf Antrag von Alfred Siegfried versorgen die Behörden Marie Emma Mehr im Gefängnis Bellechasse in Sugiez im Kanton Fribourg. Siegfrieds Begründung: Marie Emma Mehr hat, eigenmächtig und ohne ihren Vormund zu informieren, mehrere Arbeitsstellen gekündigt und neue angetreten. Ausserdem hat sie ihre Pflegefamilie verlassen und sich auf eigene Faust durchgeschlagen. «Das Mädchen ist sittlich sehr stark gefährdet.»

Auch in Bellechasse stört man sich an Maries Selbstbewusstsein: «Sie glaubt, sie wäre eine Schönheit, sie trägt ihr Haar offen. Wir haben uns also mit einer Haftentlassung nicht zu beeilen.» Ihr Vormund Alfred Siegfried übernimmt diese Deutung. «Marie Mehr arbeitet gut, hat aber immer noch Flausen im Kopf. Trägt offene Haare, meint sie sei eine Schönheit und findet immer irgend etwas, um sich zu schmücken.»

Die Etablissements de Bellechasse im Grossen Moos zwischen Bieler-, Neuenburger- und Murtensee werden zum Albtraum für viele jenische Kinder. Pro Juventute schickt siebzig minderjährige Männer und dreissig ebenso junge Frauen nach Bellechasse. Es sind weitestgehend vormundschaftliche

Massnahmen ohne Gerichtsbeschluss. Der Komplex enthält ein Zuchthaus für Männer und eines für Frauen sowie eine Korrektionsanstalt für Jugendliche. Die von Pro Juventute administrativ versorgten jenischen Mädchen werden aber nicht in die Jugendabteilung gesteckt, sondern zusammen mit den verurteilten Straftäterinnen im sogenannten Pavillon interniert.

Die Betroffenen erzählen von schweren seelischen und physischen Misshandlungen, von Schlägen und dem berüchtigten Cachot: Kahlrasur, wochenlange Isolationshaft bei Wasser und Brot in einem stinkenden Loch ohne Fenster, mit einem Betonblock und feuchter Matratze als Schlaflager. Für fünfzehn- oder sechzehnjährige Jugendliche. Dieses Anstaltsregime entsetzt auch einen jungen Juristen, der zu Beginn der 1970er-Jahre in Bellechasse für seine Dissertation recherchiert.

Stefania Stoffel wird 1948 in Bellechasse weggesperrt. Sechs Wochen Isolationshaft inklusive. Sie ist fünfzehn Jahre alt. Vierzig Jahre später will sie für eine Reportage nach Bellechasse zurückkehren, zusammen mit einer Journalistin des Schweizer Fernsehens. Stefania Stoffel hat ihre Pro-Juventute-Akten aus dem Bundesarchiv erhalten und eingesehen. Darin liest sie, dass sie gleichzeitig in Bellechasse eingesperrt war wie ihr Vater. Sie will mehr erfahren, doch der Kanton Fribourg gibt die Akten nicht heraus. Als Stefania und die Journalistin anrücken, fährt ihnen der Anstaltsdirektor mit seinem Wagen entgegen und blockiert höchstpersönlich die Zufahrt. Vor laufender Kamera. Mit der Verfolgung von Jenischen habe Bellechasse nichts zu tun, lässt er ausrichten.

Maria Mehr, eine Cousine von Marie Emma Mehr, macht einen ähnlichen Leidensweg durch wie Christians Grossmutter. In dem Dokumentarfilm «Die letzten freien Menschen» des Zürcher Regisseurs Oliver Matthias Meyer erzählt sie ihr Schicksal: Maria Mehr wird 1923 geboren. Als Älteste von vier Kindern. In Benedikt Fontanas Dissertation ist sie Fall 14,

M. Xenos, 1923. Ihr Vater und ihre Mutter handeln mit Pferden und sind auf Reisen. Tagsüber werden die Kinder in einem Heim in Dietikon untergebracht, wo sie am Abend von der Mutter abgeholt werden.

Das Interpretationsmuster in den Pro-Juventute-Akten lautet: Nehmen die Eltern die Kinder mit auf Reisen, ist dies eine Gefährdung der Kinder und Verletzung der allgemeinen Schulpflicht. Bringen sie ihre Kinder tagsüber in einem Heim unter, wird es ihnen als Vernachlässigung ausgelegt. Beides gute Vorwände, um ihnen die Kinder wegzunehmen, und eine ausweglose Situation für die Eltern, wollen sie einem Verdienst nachgehen und nicht als «arbeitsscheu» gelten.

Eines Tages kommt Marias Mutter nicht mehr von der Arbeit zurück. Es dauert eine Weile, bis die Kinder erfahren, was passiert ist: Die Mutter ist bei einem Verkehrsunfall ums Leben gekommen, der Vater ist schwer verletzt, ein Bein bleibt gelähmt. Sofort entzieht ihm die Vormundschaftsbehörde das Sorgerecht für die Kinder. Sie werden bevormundet und der Pro Juventute unterstellt. Alfred Siegfried, der Leiter von «Kinder der Landstrasse», reisst die Geschwister auseinander. Sie dürfen sich nicht mehr sehen und werden auf Pflegefamilien in der ganzen Schweiz verteilt. Möglichst weit voneinander entfernt.

Siegfried bringt Maria Mehr 1928 persönlich zu einer Bauernfamilie im Kanton Luzern. In dem Brief an die Pflegefamilie unterstellt er, Maria sei von ihrem Vater zu Unehrlichkeit und Diebstahl angehalten worden. Das erzählt er auch der Schule. Im Dorf wissen es alle. Es gibt Schikanen. In der dritten Klasse greift ihr der Lehrer unter den Rock. Maria erzählt es dem Sohn der Pflegefamilie. Kurz darauf muss sie vor der Schulpflege antreten. Im Interview mit dem Regisseur Oliver Matthias Meyer zitiert sie den Lehrer aus dem Gedächtnis: «Ich lasse mir von einer Armenhäuslerin doch nicht meine Existenz ruinieren!»

Siegfried bringt Maria Mehr 1933 in eine neue Pflegefamilie in Oberhofen am Thunersee. Zuerst einmal auf Probe.
Maria weigert sich, die Pflegeeltern, wie verlangt, «Vater» und
«Mutter» zu nennen. Und wieder wird sie als «Zigeunerin»
gehänselt und geplagt. Sie wehrt sich. Die «Zigeunerin» muss
weg.

Nun beginnt Maria Mehrs Heimkarriere. Zunächst in einer
Institution der Ingenbohler Schwestern. Maria wird geschlagen, mit eiskaltem Wasser geduscht, mit dem Kopf in einen
Wasserzuber gedrückt, bis sie beinahe erstickt. Wenn sie ins Bett
gemacht hat, muss sie mit uringetränktem Leintuch im Essraum
stehen und zuschauen, wie die anderen Kinder frühstücken.
Wieder wird sie geplagt und gedemütigt. Wieder schlägt sie
zurück. Daraufhin wird sie von 1938 bis 1939 ins Erziehungs-
heim der Gut-Hirt-Schwestern in Strassburg gesteckt. Siegfried
versorgt dort mehrere Mädchen. Bei Kriegsausbruch 1939 holt
er alle zurück in die Schweiz. Sie werden nach Bellechasse gebracht. Minderjährig wird Maria Mehr dort dreieinhalb lange
Jahre festgehalten. Es gibt keinen Gerichtsbeschluss, nicht einmal eine vormundschaftliche Verfügung. Das geht in der Eile
vergessen.

Beim Eintritt in Bellechasse ist Maria Mehr sechzehn Jahre
alt. Von Beginn an kriegt sie es mit einer bestimmten Aufseherin zu tun. Wieder gibt es Schikanen. Anfangs betet Maria
jeden Tag einen Rosenkranz, wie sie es im Kloster gelernt hat.
Mit der schwindenden Hoffnung gibt sie es auf. Abermals
wehrt sie sich. Die Aufseherin schlägt sie mit ihrem Schlüssel-
bund bewusstlos. Maria kommt zu sich. Sie blutet. Sie wird
wütend. Sie prügelt auf die Aufseherin ein. Sie wird in eine
Zwangsjacke gesteckt. In eine Zelle geworfen. Fällt in Ohnmacht. Wird mit Wasser übergossen und liegen gelassen.

Maria Mehr verbringt in Bellechasse drei Monate im
Cachot. Sie denkt daran, sich das Leben zu nehmen. Sie schreibt
unzählige Briefe an Siegfried. Sie bettelt, freigelassen zu wer-

den, doch eine Antwort erhält sie nicht. Es sei die härteste Zeit ihres Lebens gewesen, sagt sie 1991 rückblickend. Noch dazu in einem Alter, das eigentlich zu den schönsten zählen sollte.

Maria Mehr überwindet ihr Martyrium aus eigener Kraft. In den Pro-Juventute-Akten steht, ab 1954 halte sie sich «recht gut, und man kann nichts Nachteiliges über sie erfahren».

Marie Emma Mehrs Tortur verläuft ganz ähnlich derjenigen ihrer Cousine Maria. Christians Grossmutters gerät in denselben Teufelskreis: Zwang, Widerstand, mehr Zwang, mehr Widerstand, Gewalt, Pathologisierung. 1947 wird zwar ihre Vormundschaft aufgehoben. Trotzdem führt Pro Juventute weiterhin Akten über sie. Dazu wird bei verschiedenen Behörden nachgeforscht. 1955 wird sie wegen «schweren Alkoholexzessen und Prostitution» zur Beobachtung in die Heilanstalt St. Urban im Kanton Luzern eingewiesen. Pro Juventute überweist der Klinik auf Anfrage alle Beobachtungsberichte. In dem Gutachten, das nun zur erneuten Bevormundung führt, wird sie als «triebhafte, sex. haltlose Psychopathin und Trinkerin» betitelt. Von St. Urban wird sie in die psychiatrische Klinik Königsfelden überwiesen. Dort wird ihr neben allen anderen Klassifizierungen 1957 auch noch eine paranoide Schizophrenie attestiert.

Marie Emma Mehr verliert ihren Freiheitsdrang trotz allem nicht. Schrittweise arbeitet sie sich zurück ins Leben. Sie heiratet ein zweites Mal und versucht immer wieder, Kontakt zu Mariella und Christian aufzubauen. Dass dies gelingt, verhindert Pro Juventute bis 1973.

Nach der Auflösung von «Kinder der Landstrasse» müssten alle Hindernisse aus dem Weg geräumt sein, liesse sich vermuten. Doch der Schaden ist angerichtet und dauert lange über die Wirkungszeit von CR an, denn Mariella hält ihre Mutter auf Distanz. Sie wird dies später bereuen und literarisch verarbeiten.

Marie Emma Mehr sieht ihren Enkel kaum häufiger als zwei-, dreimal jährlich. In den Akten findet sich dazu wenig. Einzig dass auch sie beeindruckt war, wie wild und energiegeladen Christian war.

Viel mehr als die Akten hergeben, ist zu Marie Emma Mehrs Leben nicht überliefert. Immerhin gibt es Reisefotos in Mariellas Nachlass. Rom, Florenz. Einer Frau, die lange gegen ihren Willen weggesperrt worden ist, muss die Freiheit zu reisen viel bedeutet haben.

1981

Mariella Mehrs erster Roman «steinzeit» erscheint. Auch in diesem Jahr sind fehlende Halteplätze und Vorurteile gegen Jenische ein Medienthema. Christian konsumiert harte Drogen. Er muss noch ein Jahr durchhalten, dann ist die obligatorische Schulzeit geschafft. Ronald Reagan ist Präsident der Vereinigten Staaten. Die USA finanzieren den Contra-Krieg gegen die sandinistische Regierung in Nicaragua. In der Schweiz ist die Zahl der Drogentoten seit 1977 um etwa ein Viertel angestiegen. Im Autonomen Jugendzentrum AJZ in Zürich entsteht ein illegaler Fixerraum. Jimmy Cliff spielt im AJZ. Christian ist im Publikum. Kurt Furgler ist wieder Bundespräsident. Im Kosovo führen Autonomiebestrebungen zum Ausnahmezustand. In China wird das Todesurteil gegen die Viererbande ausgesprochen, die neben Mao die Kulturrevolution vorangetrieben hat. In der Schweiz wird der Gegenentwurf des Bundesrates zur Volks-initiative «Gleicher Lohn für gleiche Arbeit» mit sechzig Prozent angenommen. Neu können Schweizerinnen Lohngleichheit vor Gericht einfordern. Die Schweizer Fussball-Nationalmannschaft schlägt die englische erstmals seit Jahrzehnten 2:1. Nach dem Spiel prügeln sich Fans in Basel. Der Schweizer Film «Das Boot ist voll» von Markus Imhof gewinnt an der Berlinale den Silbernen Bären zusammen mit dem indischen Film «Anatomie einer Hungersnot» von Mrinal Sen. Peter, Sue und Marc vertreten die Schweiz zum vierten Mal am Eurovision Song Contest und landen mit «Io senza te» auf dem vierten Rang. MTV geht mit «Video Killed the Radio Star» von The Buggles auf Sendung. Der Juli ist ungewöhnlich nass und wenig sommerlich. Über das ganze Jahr zählt die Eidgenössische Anstalt für das forstliche Versuchswesen 54 Unwetter. Das Schweizer Vieh frisst 1 167 000 Tonnen Heu, 1 074 000 Tonnen Emd, 1 366 000 Tonnen Silomais und 2 076 000 Tonnen Kraftfutter.

NESTWÄRME

Die schwülstige, fast obszöne Bläue des Himmels macht mich traurig
und wütend.
Mariella Mehr, Tagebuch, 1973

Ich bin das Zentrum der Welt. Werde geliebt und gehätschelt.
Aufmerksamkeit. Zuneigung. Streicheleinheiten. Jatütütü von
allen Seiten. Ein Säugling, umsorgt von Frauen. Das bin ich
nach meiner Geburt. Wer wird schon in ein Frauengefängnis
hineingeboren!

Dumm nur, dass ich mich nicht daran erinnern kann. Ich
bin in dem Bewusstsein aufgewachsen, unerwünscht zu sein.
Nirgends dazuzugehören. Abgeschoben zu werden.

Eine Therapeutin bringt mich auf die Idee, ich solle mein
erstes Jahr im Frauengefängnis als das beste meines Lebens
betrachten. Das habe mich stark gemacht. Mein emotionales
Kapital sei dort aufgebaut worden. Darum sei ich nicht ver-
zweifelt an dem, was nachher noch kam.

Ein schöner Gedanke. Ich denke ihn oft. Im Nachhinein
imaginiertes Glück.

Es dauert lange, bis ich mit Mariella darüber reden kann.
Sie ist im Pflegeheim. Eines, in dem sie trinken darf. Ich besuche sie immer vor dem Mittag, wenn sie noch ansprechbar
ist.

«Es war mein grosses Glücksmoment», sagt sie an einem
dieser Treffen zu meiner Geburt, «Hindelbank hin oder her.»
So verbindet uns ein Gefängnis.

66

Es ist nicht so, dass ich später überhaupt kein Glück mehr habe. Ich lebe. Ich liebe. Ich habe einen Job. Ich bin gereist. Ich war nie im Knast. Ich habe mir keine Überdosis verpasst. Aids hat mich ausgelassen. Umbringen wollte ich mich sowieso nie. Diesen Triumph gönne ich weder Reust noch Fontana. Nicht dem System, für das sie stehen.

Ich habe genug Leute begraben, die sich den goldenen Schuss gegeben haben. Unter der Platzspitzwiese liegt viel Asche. Meine muss warten.

1982

Christian provoziert seinen Rausschmiss aus dem Jugendheim. Vier Monate vor Schulabschluss. Er will nicht als Erziehungserfolg gefeiert werden. Die Vorstellung, dass ihm der Heimleiter zufrieden lächelnd die Hand zum Abschluss drückt, stachelt ihn zu Gewalt an. Er fliegt. In Bern eskalieren die Jugendunruhen. Christian taucht in die Punkszene ein. Die Behörden schliessen das Autonome Jugendzentrum Reitschule und lassen es polizeilich bewachen. Demonstrationen und Krawalle folgen. Auch in Zürich und Lausanne werden autonome Jugendzentren geschlossen. Die Fekkerchilbi der Jenischen findet in Gersau (SZ) statt. Die Gemeinde Oberwil (BL) gibt einer jenischen Familie einen Standplatz. Weil das Baurecht nur Satteldächer erlaubt, Wohnwagen aber Flachdächer haben, erteilt der Gemeinderat eine Ausnahmebewilligung. Aus der Nachbarschaft hagelt es Rekurse. Mehrere Kantone verwerfen die Senkung des Stimmrechtsalters auf achtzehn Jahre. In Appenzell Innerhoden verweigern die Männer an der Landsgemeinde den Frauen das Stimmrecht ein weiteres Mal. Dafür zwingt der Grosse Rat des Kantons Graubünden die verbliebenen renitenten Gemeinden, den Frauen das kommunale Stimm- und Wahlrecht zu gewähren. Studien belegen eine Zunahme des Kokainkonsums. Zudem sinkt das Alter, in dem Jugendliche zum ersten Mal Alkohol, Tabak und Cannabis konsumieren. Der Bundesrat kommt nicht voran mit der Totalrevision der Bundesverfassung. Das Ziel, dass sie 1991 zum 700-Jahr-Jubiläum in Kraft treten soll, muss aufgegeben werden. Rudolf Friedrich wird in den Bundesrat gewählt. Er wird es nicht über sich bringen, sich bei den Jenischen für die erlittenen Ungerechtigkeiten zu entschuldigen. Nicole gewinnt mit «Ein bisschen Frieden» für Deutschland den 27. Eurovision Song Contest. Zum Ausgleich werden Die Toten Hosen und Die Ärzte als zukünftig erfolgreichste Deutschpunkbands gegründet.

BRANDMAL

Sehr geehrtes Frl. Reust

Ich habe Euren Brief mit Dank erhalten. Am Christian geht es gut die Narbe von der Verbrennung sieht schön aus, es braucht seine zeit, am Spital sind Sie zufrieden, ich muss zeit zu zeit zur Kontrolle gehen mit ihm, zuerst haben Sie gemeint Sie müssen bestrahlen aber jetzt ist es nicht mehr nötig.

Ich muss halt alle Tage noch 2X einreiben und baden, es gibt schon arbeit, aber wenn man sieht das es nützt geht es noch. Könnte ich vielleicht ein Apotheker Schein haben für Christian da ich die Medikamenten nach Burgdorf in der Apothek muss hohlen, das Spital gibt mir nur Rezept.

Sie fragen wegen den Weihnachten, Christian ist ja ein sehr lebhafter Bueb, drum habe ich gedacht ein Holzklötzchen Spiel oder etwas aus Platic, Wäsche und Kleider habe ich genug für ihn, gestrickt habe ich auch genug, es könnte auch ein Hämmerli Spiel sein.

Frl. Mehr hat bis jetzt das Pflegegeld bezahlt, ob es immer pünktlich kommt wissen wir ja nicht zum voraus.

Sie haben jetzt seid ein paar Tagen eine 2 Zimmer Wohnung gemietet aber Heiraten wollen Sie erst später. Wie ist es wegen dem Christian, darf Sie ihn zu sich nehmen bevor Sie verheiratet sind. Ich muss es schon fast wissen, nicht wenn Sie plötzlich das bedürfniss hat, Ihr Kind zu sich zu nehmen, ich wäre froh wenn ich ein Pflegevertrag hätte. Sonst darf Sie machen was Sie will, ich habe sonst kein halt, und stehe dumm da, (wie im Spital auch). Wie ist es eigentlich hat Sie keinen Vormund mehr darf Sie jetzt machen was Sie will. Komisch ist es auch, seid der Verlobung hat Sie keine Unterleibbeschwerden mehr, war alles Einbildung?

Am 5. Dez. muss ich wieder zur Kontrolle ins Spital, bis dahin wäre ich froh, wenn ich den Apotheker Schein hätte.

Ich wünsche Euch alles Gute

Christians Pflegemutter an Clara Reust, 1968 [die Schreibweise entspricht dem Original]

Am 14. Juni 1968 notiert Clara Reust, dass Christian Mehr am 12. Juni ein Unfall passiert sei. Am Vortag ist er zwei Jahre alt geworden. Christian habe sich mit heissem Wasser verbrüht, habe dabei Verbrennungen zweiten und dritten Grades erlitten und sei ins Inselspital Bern gebracht worden. Dort werde er von der Pflegemutter besucht, verlange aber «immer wieder nach dem Muetti».

Christians Pflegeeltern wohnen in einem kleinen Haus in Hindelbank, «vor ca. 6 Jahren aus 2. Hand (fast neu) erworben». Reust beschreibt die Einrichtung ganz genau und vermerkt, dass die Wohndiele gut heizbar sei. Die Kinderzimmer seien gross genug, «wenigstens solange die Kinder noch klein sind». Die Pflegemutter scheine im Haushalt «tüchtig und fleissig» zu sein. Die meisten Kleider für die Kinder nähe oder stricke sie selbst, «sie hat dabei viel Geschick, guten Geschmack und praktischen Sinn». Zwar stottere die Pflegemutter «ganz entsetzlich. Auf die Kinder hat dies allerdings nicht den geringsten Einfluss.» Auch vergisst sie, für Christian die Pflegekinderbewilligung einzuholen. Das vergibt Reust.

Das kleinbürgerliche Idyll wird vom Anstaltspfarrer vermittelt und soll dem kleinen «Chrigeli» das jenische Temperament austreiben. Im Gefängnis wartet Mariella darauf, endlich entlassen zu werden als Gegenleistung dafür, dass sie Christians Platzierung zugestimmt hat.

Bereits beim ersten Besuch Reusts in der Pflegefamilie Anfang März 1967 wird der Handel abgeschlossen. Die Pflegemutter verlangt 100.– Franken im Monat. Clara Reust feilscht nicht. Im Gegenteil. In einem Schreiben vom 31. März 1967 stellt sie 120.– Franken in Aussicht. In der verspäteten, aber definitiven Bestätigung des Pflegeverhältnisses im November 1967 sind es dann sogar 150.– Franken.

Das ist seltsam, denn ansonsten ist CR äusserst kostenbewusst. So bittet sie das Zivilstandsamt der Stadt Bern im Juni 1966, Christians Geburtsschein unentgeltlich auszustellen, da es sich «um einen ausgesprochenen Fürsorgefall» handle. Bei Christians Platzierung hat sie offensichtlich andere Prioritäten. Sie trichtert den Pflegeeltern ein, dass Mariella Mehr ihren Sohn nach der Entlassung aus dem Gefängnis an zwei Sonntagen im Monat nur auf Voranmeldung besuchen dürfe, dass die Mutter das Haus nur allein betreten dürfe, dass dem Kindsvater der Zutritt unter allen Umständen zu verweigern sei und dass weder Mutter noch Vater das Kind irgendwohin mitnehmen dürften. Im Notfall sei der Pfarrer zu verständigen.

Christian wird am 1. Mai 1967, rund 11 Monate nach seiner Geburt, in die Pflegefamilie gebracht, seine Mutter am gleichen Tag aus dem Gefängnis entlassen. Etwas mehr als ein Jahr später fällt Christian in einen Zuber mit kochend heissem Wasser. «Bei der Aufnahme war das Kind in einem Schockzustand. Beide Beine bis in die Inguinae, resp. Lumbalgegend zeigten Verbrennungen II., teilweise auch III. Grades, der Rücken bis zum unteren Schulterrand, Abdomen bis 3 Querfinger über den Nabel und ein medianer Streifen bis auf Höhe der Mamille beidseits; Penis, Scrotum und Damm inkl. Anus zeigten Verbrennungen II. Grades. Der Penis war hochrot, stark geschwollen, an der Basis ist ein zirkulärer Hautstreifen geblieben, welcher wie eine Bride wirkt.» So ist es im Unfallbericht des Inselspitals Bern zu lesen.

In diesem Bericht gibt das Inselspital den Vorfall so wieder, wie er von den Pflegeeltern geschildert worden ist. «Am Aufnahmetag gegen 19:00 wollte die Pflegemutter den Kleinen baden. In einem unbeachteten Moment, als die Pflegemutter weggerufen wurde, fiel das Kind vom Holzrost, wo es lag, in einen daneben stehenden Zuber voll heissem Wasser hinein. Das Kind wurde sofort zum Hausarzt gebracht, von wo es unverzüglich zu uns weitergeleitet wurde.»

Warum das Wasser, in dem Christian gebadet werden soll, so heiss ist, dass er sich darin Verbrennungen zweiten und dritten Grades zuziehen kann, fragt niemand. In den Akten schimmert nicht der geringste Zweifel daran durch, dass der nervöse zweijährige Chrigeli den Unfall selbst verschuldet habe.

In seinem Dossier folgt als nächstes Dokument nach dem Eintrag über den vermeintlichen Unfall ein Brief, in dem Clara Reust der Pflegemutter anbietet, das Pflegegeld weiter auszurichten, obwohl Christian im Spital sei. «Heute möchte ich Sie höflich fragen, ob Sie sich betreffend Pflegegeld einen Plan gemacht haben? Ich stelle mir vor, dass Sie trotz Abwesenheit des Kindes einen Teil des Pflegegeldes beanspruchen dürfen. Soll es 1/3 (Fr. 50.–) sein, oder wünschen Sie 1/2, also Fr. 75.–? Den anderen Teil der Pflegekosten plus Krankenkassenbeitrag werden wir an die Spitalrechnung bezahlen.»

Die Pflegemutter antwortet handschriftlich. «Es tut mir fest leid das, das hat müssen passieren mit dem Christian. [...] Auch für mich war es furchtbar, da der Christian schon über 1 Jahr bei uns ist wie ein eigener Bueb, und ich habe das erste Mal ein Unglück gehabt in der Familie, hoffe aber auch das letzte Mal.» Das Angebot von Clara Reust lehnt sie energisch ab und besteht darauf, dass nur die Tage bezahlt würden, an denen Christian effektiv in der Familie war. Wann dies genau gewesen war, listet sie minutiös auf. Daraufhin kommt sie zum Schluss, dass sie bis zu jenem Zeitpunkt sogar zu viel erhalten habe. «Wir können dann abrechnen wenn er vom Spital heim kann, auf allen Fällen will ich nichts verdienen in dieser Zeit ich habe ja kein Kind wegen dem Geld.» Zum Schluss des Briefes wird klar, dass sie nicht weiss oder nicht wahrhaben will, wie schlimm es um Christians Gesundheit steht. «Ich bin dann froh wenn er wieder daheim ist, ich werde noch mehr auf ihn aufpassen, das nichts passiert. Zum Glück ist er noch klein und begreift es weniger, vergisst es schnell wenn er daheim ist.»

Christian wird es nie vergessen. 19 Jahre nach der Verbrühung schreibt der zuständige Chirurg des Inselspitals Bern, der Patient sei in seinen körperlichen Funktionen immer noch, wenn auch nur sehr geringfügig, eingeschränkt. «Möglicherweise problematisch könnten sich längere Gehstrecken auswirken. Was das kosmetische Resultat anbelangt, ist durch weitere chirurgische Intervention kaum noch eine wesentliche Verbesserung zu erzielen.»

Ein bisschen etwas bleibt aber auch an der Pflegemutter hängen. Offenbar weigert man sich im Spital, ihr Auskunft über Christians Zustand zu geben. Der Grund dafür mag sein, dass sie keine Vollmacht besitzt. Sie aber empfindet es als Misstrauen und schreibt einen Brief an Clara Reust. «Ich habe jetzt eine Frage, und diese Frage möchte ich gern von Euch schriftlich oder Telefonisch beantwortet, habe ich nicht gut zum Christian geschaut seid Ihr nicht zufrieden gewesen?»

Clara Reust zögert nicht mit der Antwort, wäre doch ein Versagen der Pflegemutter auf die Fürsorgerin zurückgefallen. «Gerne gebe ich Ihnen Auskunft und bemühe mich, Sie vor allem zu beruhigen! Sehen Sie, es liegt nicht der geringste Grund vor, Ihnen irgendwelche Vorwürfe zu machen wegen Christan Mehr. Noch keinen Augenblick habe ich gedacht und zu keinem Menschen je etwas verlauten lassen, ich sei mit der Pflege und Betreuung des Kleinen nicht zufrieden. Persönlich durfte ich doch feststellen, dass Sie dem Kinde einwandfreie Erziehung angedeihen lassen und ihm ein gutes Daheim geben.»

Am 23. September 1968 beantragt Clara Reust bei der Vormundschaftsbehörde Domleschg, dass ihre Beistandschaft für Christian Mehr in eine Vormundschaft umgewandelt werde. Dass seiner Mutter die elterliche Gewalt übertragen werde, komme vorderhand nicht infrage. Das Kind werde von seinen Pflegeeltern einwandfrei betreut und erzogen und fühle und «weiss sich bei ihnen ganz daheim». Unglücklicherweise sei das Bübchen im Sommer «in einem unbewachten Augenblick in ein mit heissem Wasser gefülltes Gefäss» gefallen und habe sich Verbrennungen zugezogen. «Heute geht es ihm wieder gut, er ist munter und fröhlich.»

73

Etwas weniger optimistisch ist die Stimmung in der Buchhaltung des Inselspitals Bern. Christians Operation kostet Geld. Man appelliert an die Christlich Soziale Krankenkasse, bei welcher Pro Juventute die jenischen Kinder versichert hat. «Da das Kind Christian ausserordentlich viele Medikamente benötigte und überdurchschnittlich viele Untersuchungen gemacht werden mussten, sind wir genötigt, an Sie ein Gesuch um zusätzliche Übernahme – wenigstens eines Teiles dieser Kosten – zu stellen. Zu Ihrer Orientierung legen wir Ihnen eine detaillierte Liste sämtlicher Medikamente, Untersuchungen und Röntgen bei.»

Vermutlich wendet sich die Kasse nach diesem Gesuch an Pro Juventute. Doch CR bleibt hart. «Wohl sind wir uns bewusst, dass unser Schützling ausserordentliche Pflege beanspruchte und überdurchschnittlich hohe Kosten verursachte; wir anerkennen auch dankbar, dass das Bübchen sehr gut gepflegt und vorzüglich betreut wurde, jedoch stehen uns die Mittel nicht zur Verfügung, einen Anteil an die Medikamente zu leisten, welche, soviel wir wissen, im Pflegegeld der allgemeinen Abteilung inbegriffen sind. Weil die Heimatgemeinde für den Kleinen aufkommen muss, sind wir gehalten, uns nach den vorgeschriebenen Ansätzen zu richten.»

Insgesamt wird der Staat ein Vielfaches davon hinblättern, was Reust mit dieser Knausrigkeit einspart. Hauttransplantationen. Medikamente. Spezialsalben. Behindertentaxis. Orthopädische Schuhe. Christian nicht zu verbrühen, wäre billiger gewesen.

Mariella wohnt mittlerweile in einem Zimmer in Bern. Dort wird sie von Clara Reust besucht. Im Protokoll hält CR fest, dass Mariella Christian zu sich nehmen will, sobald er aus dem Spital entlassen werde. Zu diesem Plan protokolliert CR keine klare Positionierung. Lediglich, dass dies alles noch zu beraten sei. Zu Mariellas Entsetzen wird Christian nach dem Aufenthalt in der Intensivstation des Inselspitals Bern aber umgehend wieder in die Pflegefamilie zurückgebracht. Dorthin, wo er verbrüht worden ist.

Mariella drängt weiterhin darauf, ihren Sohn zu sich nehmen zu können, aber erfolglos. Reust schreibt ihr: «Da muss ich Dir nun allerdings mitteilen, dass es mir bisher ganz unmöglich war, etwas zu unternehmen, d.h. mit Frau xxx [Pflegemutter] persönlich über den kleinen Christian zu sprechen. Ich hoffe sehr, das Bübchen befinde sich wieder in erfreulichem Zustand und habe sich wieder an das normale Leben in der Familie gewöhnt. Ich kann dir aber versichern, dass ich mein möglichstes tun und voraussichtlich noch diesen Monat, vor meinen Ferien, nach Hindelbank fahren werde. Das Anliegen betr. Deiner Besuche in Fam. xxx bzw. deines Wunsches, den Kleinen hie und da über ein Wochenende zu Dir zu nehmen, habe ich mir gründlich überlegt – – und zwar ausschliesslich im Interesse von Christian. Siehst Du, Marietta, wahrscheinlich gehst Du mit mir einig, wenn ich betone, zuerst müsse unbedingt ein richtiges Daheim für Dich selber vorhanden sein, bevor der Kleine aus seinem ‹Nestchen› genommen werden darf.»

Reust erlaubt Mariella also nicht einmal, Christian zu besuchen oder vorübergehend zu sich zu nehmen. Aus einer anderen Besprechung mit der Sozialarbeiterin der Vormundschaftsbehörde Domleschg geht deutlich hervor, dass CR nicht im Traum daran denkt, Christian in die Obhut seiner Mutter zu geben. Reust teilt der Vormundschaftsbehörde Domleschg mit, «dass die Kindsmutter vorderhand noch nicht für die Uebertragung und Ausübung der elterlichen Gewalt in Frage komme». Die Vormundschaftsbehörde Domleschg entscheidet dann auch so.

Nun baut Mariella das von Reust geforderte «richtige Daheim» auf: Sie heiratet im März 1969. Damit wird ihre Vormundschaft aufgehoben. Sie verlangt, dass Christian zu ihr kommen dürfe. Weil sie nun formal in geordneten bürgerlichen Verhältnissen lebt, steht dem nichts entgegen. Christian lebt mit drei Jahren zum ersten Mal bei seiner Mutter, allerdings bloss für kurze Zeit. Dann trennen sich Mariella und ihr Mann bereits wieder. CR schickt Christian sofort zurück nach Hindelbank in die Pflegefamilie.

Das Ringen zwischen den beiden Frauen geht weiter. Mariella sucht einen Job und eine Wohnung, schreibt Briefe, mobilisiert Bekannte. Reust reagiert mit Gegendruck und drängt darauf, Christian in das Kinderheim Sardasca nach Klosters zu schicken. Notgedrungen willigt Mariella ein, aber bloss für drei Monate. CR macht daraus zwei Jahre. Die grosse Distanz verunmöglicht Mariella häufige Besuche und kommt einem Kontaktabbruch gleich, weil sich Christian und Mariella noch nicht schreiben können.

Christian kommt 1971 nach Klosters. Reust gibt Befehl, dass Christian nicht ohne ihre schriftliche Erlaubnis der Mutter übergeben werden dürfe. Es ist die altbewährte Waffe gegen die Jenischen: ein forcierter Beziehungsabbruch zwischen Mutter und Kind.

Ein Jahr später scheitert Mariella mit einem weiteren Anlauf, Christian zu sich zu holen. Eine Fürsprecherin und ein Psychiater treten gegenüber den Behörden für sie ein und bürgen für Mariella. Das Zerwürfnis zwischen Reust und Mariella wird offiziell zum Thema. Doch die Vormundschaftsbehörde Domleschg stellt sich auf Reusts Seite.

Mariella gibt trotzdem nicht auf. Denn die Zeiten haben sich geändert. Pro Juventute gerät in Verruf. Mariella baut weitere Beziehungen zu Politik und Medien auf und schaltet den «Beobachter» ein. Der Journalist Hans Caprez spricht bei Reusts Vorgesetzten in Zürich vor. CR ist zum ersten Mal in der Defensive.

Dann fällt der Beschluss, «Kinder der Landstrasse» aufzulösen. Beflügelt fährt Mariella ohne Erlaubnis von Clara Reust nach Klosters und holt Christian zu sich. Reust gibt endlich auf. «Im April 1973 holte Frau Wüthrich – gegen die ausdrücklichen Anordnungen des verantwortlichen Vormundes – mit Hilfe von Drittpersonen, u.a. des ‹Beobachters› – ihren Sohn in Klosters ab, um ihn bei sich zu behalten und in Bern der Musischen Schule anzuvertrauen, in welcher Christian die 1. Klasse begann. Eine erspriessliche Zusammenarbeit zwischen Frau Marietta Wüthrich-Mehr und Vormund – im ausschliesslichen Interesse des nicht leicht zu erziehenden Knaben – blieb ganz unmöglich, da jegliches Vertrauen fehlt. Durch die veränderten Verhältnisse des Mündels ist der Unterzeichneten keine Möglichkeit mehr gegeben, das Amt des Vormundes in Verantwortung auszuüben. Auf meinen Bericht vom 18. Juli 1973 zurückkommend, erneuere ich das Gesuch, mich als Vormund von Christian Mehr zu entlassen und zu entlasten.»

Mariella hat Clara Reust geschlagen, aber das Vertrauen und das Herz ihres Sohnes hat sie damit noch nicht zurückgewonnen. Christian wird im Juni 1973 sieben Jahre alt und hat bereits viel Erfahrung darin, herumgeschoben, enttäuscht und misshandelt zu werden.

1986

Christian haut ab nach Zürich. Er hat 1984 in Bern einen Plattenladen gekauft und wird über den Tisch gezogen, hat Schulden
bis über beide Ohren. Mariella stürmt mit dem Vorstand der Radgenossenschaft der Landstrasse eine Pressekonferenz von Pro
Juventute und fordert eine Entschuldigung. Sie erntet Ausreden.
Der bereits wieder zurückgetretene Bundesrat Rudolf Friedrich
verweigert als Stiftungsratspräsident eine Entschuldigung. Dafür
entschuldigt sich Bundespräsident Alphons Egli. Das Deutschschweizer Fernsehen veranstaltet eine Livesendung mit Sesshaften und Fahrenden. Ein Dialog kommt nicht zustande. Der
Internationale Gerichtshof in Den Haag verurteilt die USA wegen
illegaler Finanzierung des Contra-Krieges in Nicaragua durch
Waffen- und Drogenhandel. Die Vereinigten Staaten akzeptieren
das Urteil nicht. Der Generalsekretär des Zentralkomitees
der Kommunistischen Partei der Sowjetunion (KPdSU), Michail
Sergejewitsch Gorbatschow, schlägt vor, bis ins Jahr 2000 alle
Kernwaffen abzurüsten. Im Januar explodiert nach 75 Sekunden
die Raumfähre Challenger, im April bricht in Sri Lanka ein
Damm, in Bangladesch sinkt eine Fähre und in der Ukraine
schmilzt im Kernkraftwerk Tschernobyl der Reaktor 4. Radio-
aktiver Fallout geht auch in der Schweiz nieder, vor allem im
Tessin. Schweizer Firmen exportieren Nukleartechnologie nach
Indien, Argentinien, Brasilien, Ägypten und in die Türkei. Die
vom Bund u.a. auch dafür gewährten Exportrisikogarantien
umfassen 1,7 Milliarden Franken, das Defizit beträgt 121,4 Millionen. Nach heftigen Diskussionen beschleunigt das Schweizer
Parlament das Asylverfahren und verringert die Beschwerde-
möglichkeiten. Der erste legale Fixerraum wird in Bern eröffnet.
Ende Jahr tritt Kurt Furgler als Bundesrat ab.

ZUGEDRÖHNT

Ich habe Christian am absoluten Tiefpunkt seines Lebens kennen-
gelernt. Wie eigentlich alle Menschen, um die ich mich gekümmert habe.
Um die ärmsten, kaputtesten Leute zu betreuen, habe ich 1994 die
IG Sozialhilfe gegründet. Das konnte ich tun, weil ich alles mit Spenden
finanziert habe. Alle hatten eine traumatische Kindheit, haben schlimme
Gewalt erlebt, waren Heimkinder oder Pro-Juventute-Opfer wie
Christian. Die IG war eine Art Opposition gegen die unsinnigen Erwartun-
gen und Vorgaben des Staates diesen Menschen gegenüber. Für diese
Leute war sogar die Drogenabgabe viel zu stark strukturiert. Die Öffnungs-
zeiten, die obligatorischen Gespräche. Auch Christian hat das nicht
ausgehalten. Dabei war er anders als die anderen. Er kannte viele promi-
nente Leute und konnte Beziehungen aktivieren, die andere nicht hatten.
Er war einer der Intellektuelleren. Aber auch er war ein Gassenmensch.
Er konnte mischeln und dealen, aber kein Formular ausfüllen. Vorschriften befolgen sowieso nicht. Bei der kleinsten Bürokratie ist er explodiert.
Wegen Geld hatte ich immer Streit mit ihm. Er war jemand mit einem
wahnsinnig sturen Grind. Den hat er immer noch. Und er redet ohne
Punkt und Komma.
Branka Goldstein im Interview, 05.10.2020

Sommer ist eine gute Zeit. Ich trage kurze Hosen. Die Leute
gaffen meine Beine an. Ich verstecke nichts. Die Narben nicht.
Die klobigen Schuhe nicht. Mich nicht.

Nicht mehr.

Ich habe Verbrennungen zweiten und dritten Grades am
ganzen Körper bis unter die Schulter. Füsse und Beine sind
massiv vernarbt, Rücken und Bauch haben Operationen und
Hauttransplantationen wiederhergerichtet. Hände und Arme
sind unversehrt. Daran wurde ich gepackt, in siedendes Wasser getaucht und wieder herausgezogen. So sehe ich das. Aller-

dings kann ich mich nicht daran erinnern. Ich war zwei Jahre alt.

Auf diesen verbrannten Beinen ist das kleine Chrigeli herumgehüpft, ist mit seiner lebhaften Art Erwachsenen auf die Nerven gegangen. Später habe ich mit diesen Beinen Kampfsport trainiert. Schlägereien gehabt. Skitouren und Skirennen gemacht. Hunde ausgebildet. Pogo getanzt. Ich bin mit meiner Hardcoreband herumgetourt. Durch den Dschungel gewandert. Die Langstrasse hinauf und hinunter gehetzt auf der Suche nach Stoff.

Die Achtziger und Neunziger sind meine Zeit. Ich lebe wie ein Gangster. Fixen, dealen, Musik machen. Die Zeit rast. Der Puls auch. Auf dem Zürcher Platzspitz nennen sie mich Kommerz-Punk, weil ich erfolgreich bin. Ich habe Geld, einen Job, eine Wohnung. Mit dem Geld aus meinem Job bestreite ich den Lebensunterhalt. Den Stoff finanziere ich mit Dealen. Ich verkaufe Hasch. Bin ziemlich gut darin. Mischeln ist mein Ding. Organisieren kann ich. Ich habe meine Kontakte, meine Routen, meine Verstecke. Immer auf Draht. Ruhelos.

Anderen geht es dreckiger. Geld beschaffen, um Drogen zu beschaffen. Brüche machen. Auf den Strich gehen. Einen Filterlitisch betreiben auf einer Kartonschachtel mit Löffel, Eisen, Wasser, Alkoholtupfer, als Gegenleistung gibt es den Filter zum Auskochen. Fünf bis zehn Filter ergeben einen Knall. Das ist hart, viel härter, als zu dealen.

Ich nehme Heroin, Kokain, Benzos. Reiner Eigenkonsum. Harte Drogen verkaufe ich nicht. Das ist eine Nummer zu gross, zu gefährlich. Ich würde zwischen die organisierten Banden und die Polizei geraten. Lieber versuche ich, unter dem Radar zu bleiben.

Die Polizei jagt mich trotzdem. Ein Betäubungsmittelfahnder vor allem. Meine grosse Klappe stachelt ihn an. Er filzt mich so oft, dass ich geradeso gut nackt herumlaufen könnte. Trotzdem findet er nichts. Ich habe selten Stoff auf mir. Nur einmal in der Unterhose. Damit hätte er mich. Er will mich aussacken. Fasst mir zwischen die Beine. So viel Geld, wie diese Eier kosten, hast du gar nicht, sage ich. Wir sind auf dem Platzspitz. Da bist du nie allein. Junkies wimmeln herum, Sozis, Journis, Unbeteiligte. Ich schreie, sexuelle Belästigung. Er ist entnervt, will keinen Aufstand, lässt mich ziehen. Ich triumphiere.

Er lässt nicht locker. Eines Nachts fährt er ein. Holt mich aus dem Bett. Razzia, Razzia, öisi Schmier isch wieder da. Er findet 53 Gramm Haschisch. Jetzt habe ich dich. Ich merke, wie viel ihm daran liegt, mich wegzusperren. Er macht etwas Persönliches daraus, hat sich in mich verbissen. Er steckt mich drei Tage in Untersuchungshaft. Ohne Arzt, der mir Methadon verschreiben könnte. Nach ein paar Stunden bin ich auf dem Aff. Er glaubt, so könne er mich weichkneten. Er kann nicht wissen, was ich im Heim durchgestanden habe. Wenn er mich brechen will, muss er mich umbringen, denn ich gebe nicht auf. Ich komme mit Konsum davon. Eigenbedarf. Ich bin haschsüchtig. Ich bleibe frei. Gut gemacht.

Wir touren mit unseren Bands. In Deutschland mit Abszess und in Frankreich mit Brains of Humans. Dort muss man höllisch aufpassen, nicht mit Drogen erwischt zu werden. Wir verstecken das Zeug im Arsch und im Auto. Der Basler Zoll nimmt uns auseinander. Eine Kiste voller ausgemergelter Punks wird nicht einfach über die Grenze gelassen. Sie finden nichts. Wir kommen vier Stunden zu spät in Lyon an, was solls. Wir spielen mit Scraps aus Lille. Es ist wild, laut und feucht. Auf dem Rückweg dasselbe Prozedere am Zoll. Danach fällt die Band auseinander. Jeder ist auf seinem eigenen Trip. Der einzig wirkliche Musiker unter uns ist Pablo, der Drummer. Er rührt keinen Stoff an und keinen Alkohol. Das muss sich einsam anfühlen.

Die Neunziger sind mein persönliches «Trainspotting». Ich lasse nichts aus. Ich verdiene Geld und verprasse es wieder.

Ich fahre mehrmals nach Thailand. Methadon tanken vor dem Abflug. Nachschub gibt es in Bangkok. Chinesische Ärzte verkaufen, was man braucht. Mit oder ohne Rezept. Dort bleibe ich höchstens 48 Stunden. Dann fahre ich in den Dschungel. Je näher am Goldenen Dreieck, umso besser der Stoff. Reiner weisser Schnee. Kein Brown Sugar. Damit kann man Kriege finanzieren und Menschen ruhigstellen. Ich aber suche den sauberen Stoff. Ich fixe Heroin, ich rauche Heroin, ich denke Heroin.

Nach drei Monaten geht es zurück in die Schweiz. Süchtiger kann ich nicht mehr werden. 1995 verhaftet mich die Polizei am Flughafen. Meine Freundin hat auf meinen Namen Schulden gemacht. Allein 5800 bei der Swisscom. Ich bin betrieben und ausgeschrieben. Mein Erspartes ist weg. Zu Hause das pure Chaos. An der Tür der Räumungsbefehl. Morgens um halb sechs werde ich aus der Wohnung geschmissen. Die Hausverwaltung betreibt mich mit 38 000 Franken. Von nun an lebe ich auf der Gasse. Notschlafstelle, begleitetes Wohnen, Wald. Nun setze ich auch harten Stoff ab. Irgendwie muss ich mich durchschlagen.

Ende Jahr entdeckt eine Ärztin mein erstes Melanom. Ich werde operiert, bleibe eine Weile im Spital. Danach mache ich weiter.

Ein Gassenpaar züchtet Gassenhunde. Zwei Würfe pro Jahr. Sie stecken die Welpen in einen Korb und ziehen durch die Strassen, bis alle verkauft sind. So treffe ich Sira. Ein Hund. Ein Bastard wie ich. Es ist Liebe auf den ersten Blick. Sie wird bei mir bleiben, bis ich sauber bin.

Ich baue einen Unfall mit meiner Kawasaki. Nach einem Exploited-Konzert. Stockbesoffen. 150 innerorts. Was für ein Idiot. Die Polizei sieht das genauso. Filmriss in der Zelle am anderen Morgen. Ich habe Angst, dass ich jemanden umgefahren habe. Der Polizist schüttelt den Kopf. Selbstunfall. Die Dummen haben Glück, sagt er. Der Führerschein ist weg. Bis heute.

1999 bin ich am Ende. Untergewichtig, dehydriert. Hepatitis A bricht aus. Kurieren im Sune-Egge von Pfarrer Sieber. Dann wieder auf die Gasse. Ich muss einem anderen Dealer Kundschaft vermitteln. Dafür gibt es ein paar Krümel gestreckten Stoff. So tief bin ich gesunken. Die Schulden vom Schwarzfahren erdrücken mich. Wenn ich das nicht einrenke, wandere ich in den Knast.

Ich suche Hilfe. Dieses Mal in der Sunestube. Pfarrer Siebers Süneli scheint für alle. Die Sunestube, der Sune-Egge, der Bunker am Helvetiaplatz, alles Sieber-Werke, die mich am Leben halten. Schliesslich vermittelt mich die Betreuerin der Sunestube an die IG Sozialhilfe.

Branka ist anders. Ich unterschreibe eine Vollmacht. Sie kriegt meine Schulden geregelt. Wenigstens die dringendsten. Ich muss wieder nicht ins Gefängnis. Aber ich war nah dran. Allein hätte ich das nicht geschafft.

Sozialtherapie? Da bin ich hin, um zur Ruhe zu kommen. Ich habe von Anfang an gesagt, ich will nicht clean sein. Aber ein Dach über dem Kopf, regelmässig essen, das ist gut. Dafür sind die Gespräche die Hölle. Transaktionsanalyse, damit treibt man mich die Wände hinauf. Der Sozi labert von Kinder-Ich und Eltern-Ich und führt sich auf wie ein Klassenlehrer.

Ich glaube, das habe ich von Mariella geerbt. Die Abneigung gegen Besserwisser. Ich kriege Streit. Wie immer. Sozis müssen mir nicht sagen, wo's langgeht. Regeln. Hausordnung. Nicht mit mir. Gewaltfreie Kommunikation schon gar nicht. Motivierende Gesprächsführung. Lösungsorientierte Gesprächsführung. Alles derselbe Quatsch. Ewig gleiche Sozifloskeln. Wer mich richtig aggressiv erleben will, muss behaupten, mich zu verstehen.

Ich werde viermal beim Fixen erwischt und fliege raus.

Danach die staatliche Heroinabgabe. Poliklinik Crossline. Eine Disziplinierungsmaschine. Regeln, Sanktionen, wieder Gespräche. Betreuerinnen, Ärztinnen. Der Stoff ist reine Chemie, nicht das Heroin, das ich kenne. Ich weiss doch, wie

Heroin einfährt, ich war in Thailand. Doch das ist nicht das grösste Problem.

Das grösste Problem bin ich. Ich bin kokainsüchtig. Das realisiere ich erst jetzt. Ich kriege alles verschrieben. Heroin, Morphium, Benzos, Antidepressiva. Aber kein Kokain. Das ist nicht erlaubt in der Schweiz.

Koks ist der Teufel. Und der Teufel lockt mich zurück auf die Gasse, wo sich alle treffen, die dem Teufel hinterherrennen.

Ich lebe seit mehr als fünfzehn Jahren in Zürich. Angemeldet bin ich nicht. Ohne besonderen Wohnsitz nennt sich das. O.b.W. Noch mehr Formulare, noch mehr Vorschriften. Branka regelt es. Danach organisiert sie mir eine Wohnung. Natürlich nicht von heute auf morgen. Ich kann nicht hingehen, ihr das Hirn mit meinen Problemen vollscheissen und mit einem Mietvertrag hinauslatschen. So geht das nicht. Es ist ein Prozess, sagen die Sozis. Meinetwegen.

Meine erste eigene Wohnung seit langer Zeit. Der Teufel zieht mit ein. Ich kokse und kokse. Kokainhochs, Kokaintiefs, Kokainwahn. Das ganze Programm. Irgendwann einmal steigere ich mich in eine Paranoia hinein. Einbrecher sind im Haus. Ich dreh durch. Ich rufe die Polizei. Die Beamtin sieht den Teufel am Werk. Sie schüttelt sich vor Lachen. Entweder legen Sie sich jetzt schlafen, oder wir nehmen Sie mit, meint sie. Ich lege mich schlafen.

Ein anderes Mal dröhne ich mich mit Benzos zu. Koche Spaghetti. Schlafe ein. Küchenbrand. Feuerwehr.

Ich setze das Koks ab. Ein Befreiungsschlag. Subutex nehme ich weiterhin. Eine lächerliche Menge. Doch die brauche ich zur Sicherheit. Ich beginne eine Psychotherapie. Alle paar Termine gehe ich sogar hin. Irgendwann macht es klick, und ich gehe regelmässig hin. Begreife mit der Zeit, dass es nützt. Nämlich dann, wenn die ärgsten Dinge hochkommen, ohne dass ich gleich wieder fixen muss. Verdrängte Erinnerungen. Ans Heim, an die Schule, an Mariella.

Ich werde ruhiger. Irgendwann einmal ist es Zeit, das Subutex loszuwerden. Zusammen mit dem Arzt reduziere ich die Dosis schleichend auf null. Jetzt kommt alles zurück, was du mit Heroin unterdrückt hast, sagt er. Wie recht er hat.

Ich versuche es noch einmal mit einer Sozialtherapie. Gehe direkt in eine Aussenwohngruppe. Den Entzug habe ich bereits hinter mir. Aber ich habe Angst, wieder abzustürzen. Ich suche Halt.

Sira darf mit. Es läuft nicht schlecht. Es hilft, die Gedanken zu sortieren. Doch ich kriege Zoff mit dem Silberrücken. Ein Anstaltsvater. Langsam dämmert es mir. Ich bin ein Heimkind. Ich hasse Heime. Ich hasse Patriarchen. Ich hasse pädagogisierende Machtmenschen. Ich passe nicht in diese Anstalten. Sie haben mich zu dem gemacht, was ich bin.

Hass ist aber auch ein gutes Mittel gegen Selbsthass.

Ich trete aus. Die Psychotherapie setze ich fort. Es geht nicht schnell. Fünfzehn Jahre insgesamt. Dann bin ich sicher, dass ich den Stoff hinter mir habe. Jetzt ist die Familiengeschichte an der Reihe.

Langsam, langsam werde ich stubenrein. Und fett. Das liegt nicht nur daran, dass ich jetzt Geld habe. Die Medikamente blähen mich auf. Und ich kompensiere mit Essen. Fett ist ein Zeichen, dass es mir besser geht. Seither kämpfe ich um mein Gewicht. Was für ein Luxus.

Die Tage sind lang, wenn ich nicht dem Stoff hinterherrennen muss. Ich game. Das bringt Branka auf eine Idee. Ich könnte eine Ausbildung machen. Etwas mit Computer. Wenn man die Sucht los wird, verliert man etwas, sagt sie, darum brauchst du etwas Neues.

Schulen machen mir Angst. Richtig Angst. Aber so ganz richtig. Schulen sind Folterkammern. In Schulen bin ich geschlagen worden. Gedemütigt. Gemobbt.

Branka kommt mit. Wieder ist es ein Prozess. Zuerst die Broschüre studieren. Dann das Schulhaus anschauen. Einmal.

Zweimal. Dann überwinde ich mich. Ich gehe tatsächlich in die Schule. Aufpassen, Fragen stellen, Ordner anschreiben, lernen, ausprobieren, Hausaufgaben, Prüfungen. Semester für Semester. Dann habe ich das Schweizerische Informatik-Zertifikat im Sack. Danach geht es gleich weiter. Poweruser, Hardwaretechnik, Servertechnik, Webadministration.

Auch diesen Weg gehe ich mit meinen vernarbten Beinen. Langsam verstehe ich, dass sie mir folgen und nicht ich ihnen. Free your mind and your legs will follow.

Wenn ich heute mit meiner Punkband auftrete, sitze ich auf einem Barhocker, denn diesen Beinen kann ich nicht mehr viel zumuten. Irgendwann werde ich sie verlieren.

Ich werde im Rollstuhl weitermachen.

1989

In Zürich entsteht der Needle Park auf dem Platzspitz. Christian ist dabei. Er fixt, verkauft Haschisch und macht Hardcore-Punk. Mit der Band Abszess gibt er ein tumultartiges Konzert in der Drogenszene. Mariella Mehr weigert sich vor Gericht, die Vormundschaftsakten des Amtsbezirks Domleschg zurückzugeben. Sie hat sie bloss zur befristeten Einsicht erhalten. Pro-Juventute-Opfer erhalten eine Art Schmerzensgeld. Bei Christian sind es 18 000 Franken. Damit kauft er Drogen gegen die Schmerzen. Nach anderthalb Monaten ist das Geld weg. Die Schmerzen bleiben. In der gesamten Schweiz sterben 213 Drogenkonsument:innen. Die mittlere Lebenserwartung der Bevölkerung beträgt 74 Jahre bei den Männern und 80,9 bei den Frauen. Das Bruttosozialprodukt steigt um 3,1 Prozent. Der Wohnungsmangel ist auf einem Höhepunkt. Es gibt Wohnungsnotdemos mit Polizeieinsätzen. Die Volksinitiative zur Abschaffung der Armee erreicht in der Abstimmung 35 Prozent Ja-Stimmen. Das Ausmass an Bespitzelung der Bevölkerung durch den Staat kommt mit der Fichenaffäre ans Licht. In Osteuropa stürzen autoritäre Regimes. Die offizielle Schweiz bleibt neutral. In Berlin fällt die Mauer. Rein zufälligerweise und abseits offizieller Kulturförderungskanäle sind Christian und seine Band auch dort. Sie spielen, nehmen Drogen und machen Party. Kurz darauf implodiert die Band. Der Bassist gibt sich am Platzspitz den goldenen Schuss, der Gitarrist Jahre später an der Langstrasse. Die Sowjetunion zieht nach zehn Jahren Besatzung ihre Truppen aus Afghanistan zurück. Die ausbleibenden Geldströme aus der UdSSR und den USA werden durch die Heroinproduktion kompensiert. In den kommenden zehn Jahren wird sie auf 4600 Tonnen steigen, 75 Prozent des weltweiten Volumens.

DAHEIM

Dass endlich Vergeltung einbräche in diese Dunkelwelt, denkt
Daskind, um alle Schuld zu sühnen, die des Kindes und die der andern.
Mariella Mehr, Daskind, 1995

Mariella Mehr wird 1966 verhaftet, weil sie schwanger ist. Sie
ist siebzehn Jahre alt, mit achtzehn bringt sie Christian zur
Welt, mit neunzehn wird sie aus dem Gefängnis entlassen. Sie
hat eine erzwungene Odyssee durch Heime und Kliniken hinter sich. Sie hat physische und psychische Gewalt erlitten. Sie
wurde entmündigt, entwürdigt, gequält und gedemütigt.

Christian wird am 11. Juni 1966 im Frauenspital Bern ent-
bunden. Mariellas Wehen beginnen fünf Tage früher. Doch
der Gefängnisdirektor und der Pfarrer befürchten, die hoch-
schwangere Frau könnte Wehen vortäuschen und ausbrechen.
Darum wird die Geburt hinausgezögert. Christian nimmt den
beiden das heute noch übel, denn ohne diese Verzögerung
wäre er am 6.6.66 geboren. Als die Geburt endlich stattfinden
darf, dauert sie 27 Stunden, wie Mariella in ihrem ersten Roman
schreibt, «der geburtshelfer fluchte». Danach werden Mutter
und Kind ins Gefängnis zurückgebracht. Dort wird Mariella
noch ein Jahr ohne gerichtliches Urteil festgehalten.

Die rechtliche Basis für die Bevormundung jenischer Kinder findet Pro Juventute im Zivilgesetzbuch, Artikel 285 ZGB.
Und laut Artikel 369 sind erwachsene Personen mit Geistesschwäche oder Geisteskrankheit unter Vormundschaft zu stellen, wenn sie schutzbedürftig sind, andere gefährden oder nicht
selbständig leben können. Es könnte angenommen werden,

dies beziehe sich auf eine begrenzte Anzahl klar definierter Krankheiten. Und dass es in jedem einzelnen Fall eine sorgfältige Diagnose bräuchte als Grundlage für den behördlichen Entscheid. So ist es aber nicht. Was die Norm ist, wird nicht im Gesetz definiert, sondern im Vollzug, was für viele Rechtsbegriffe gilt, auch das Kindswohl. Das ist die Grundlage für eine willkürliche, ungerechte und unberechenbare Entmündigungspraxis.

Weitere Artikel des Zivilgesetzbuches, die häufig angewendet werden, regeln den Entzug der elterlichen Gewalt (Artikel 285) und die administrative Zwangseinweisung in eine Klinik oder Anstalt (Artikel 406 und 421) sowie die Entmündigung bei Trunksucht (Artikel 370). Droht mit der Volljährigkeit die Macht über ein Mündel zu entgleiten, beantragt Pro Juventute bei den Behörden die Bevormundung einer Person auf ihr eigenes Begehren hin. Dazu werden die Mündel unter Druck gesetzt, die Entlassung aus der Anstalt oder das Wiedersehen mit den Kindern von ihrer Zustimmung zur Bevormundung abhängig gemacht. So bleiben viele Mündel auch nach Erreichen der Mündigkeit unter Vormundschaft.

Clara Reust spielt dieses Spiel mit bösartiger Präzision, und auch wenn Mariella Mehr letztlich siegt, ist für sie und ihren Sohn, bis es so weit ist, bereits viel kaputt gegangen. Davon ist in Mariella Mehrs Tagebuch zu lesen. Sie kämpft mit den Dämonen aus ihrer eigenen Vergangenheit, baut Freundschaften auf und bricht sie abrupt wieder ab, versucht herauszufinden, wem sie vertrauen kann, wem nicht, erlebt Hoffnung und Enttäuschung ganz nahe beieinander, fährt eine Achterbahn der Gefühle im Ringen mit Clara Reust und sucht einen Weg durchs Leben, ein Einkommen, einen Beruf, einen Sinn, Beziehung und Beziehungen.

Das sind die Umstände, unter denen Christian 1973 mit sechs Jahren zu Mariella kommt. Der seelisch und körperlich verletzte Bub trifft auf eine nicht nur mit sich selbst beschäftigte, sondern auch noch gegen Ungerechtigkeiten ankämpfende Mutter. Sie sind sich fremd und doch nah. «Christian. Voller Aggressionen, mit typischen Heimkinderallüren. Wie gut kenne ich diese Art zu toben, den Teller vollzuhäufen aus Angst, es könnte ihm etwas entgehen. Wie gut kenne ich diese Hektik in seinen Bewegungen, das ewige auf der Lauer sein, diese Isolation beim Spiel mit anderen Kindern, das Stehlen, Lügen, alles als Ausdruck für das, was man ihm wirklich weggenommen hat – die Wärme und den Platz, der für ihn immer Zuflucht sein sollte. Das wird ein schönes Stück Arbeit geben, bis Christian sich beruhigt hat, bis wir uns gegenseitig nicht mehr auf den Füssen herumstehen, bis er wieder gelbe leuchtende Sonnen malt.»

Natürlich freut sich Mariella auf Christian, aber ebenso gross wie die Freude dürften Unsicherheit und Angst sein. «was die gegenwart betrifft, so lebe ich in einer zweizimmerwohnung mit feuerstelle, umgeben von büchern und musik. zu mir gehört ein schulpflichtiger junge. ob ich eine gute mutter bin, weiss ich noch nicht so genau.»

Der Start wird schwierig, Christian scheint bereits stark traumatisiert zu sein. «Ich habe letzte Nacht in Christians Bett geschlafen. Er schläft nervös, von Alpträumen geplagt, schwitzt übertrieben. Sein Körper wird immer wieder von Zuckungen geschüttelt und im Schlafe kratzt er an seinen Narben.»

Ungestüm verlangt Christian nach Aufmerksamkeit, Zuneigung und Bindung. Mariella würde am liebsten die Nächte durchschreiben, wie sie an einer Stelle ihres Tagebuches notiert. Beide kämpfen um ihre Freiräume, um die Selbstbestimmung, die ihnen Pro Juventute so lange abgesprochen hat, für die Bedürfnisse, die unter fremdem Zwang nie befriedigt wurden. Beide brauchen sich, beide reiben sich aneinander. Dies alles geschehe unter «Schmerzen und Verzicht», schreibt Mariella.

Zwei Jahre vor ihrem Tod versucht sie 2020 zu erklären, warum sie den Draht zu Christian nicht mehr gefunden habe.

«Christian war für mich, nach der Pflegefamilie und nach diesen neun Monaten Spital, eine völlig fremde Person. Ich habe ihn gar nicht mehr gekannt. Und so bin ich auch mit ihm umgegangen.»

In dieser Situation wäre es hilfreich, Christian fände ein stabiles Umfeld auch ausserhalb der Kleinfamilie, andere Kinder, mit denen er Freundschaft schliessen könnte. Doch der Einstieg in die Schule gestaltet sich ebenfalls schwierig, wie ein Ausschnitt aus seiner Psychiatrieakte zeigt: «Als Frl. yyy [Lehrerin] Christian in die Schule übernommen hatte, wirkte der Knabe äusserst deprimiert: er habe ein todtrauriges Gesicht gehabt, war immer ernst. Am ersten Schultag sei er z.B. während 2 Std. am Boden unter der Wandtafel gesessen, ohne ein Wort zu sagen. Schämte sich anfänglich in der Schule wegen seinen Verbrennungsnarben, wollte sich zum Turnen nicht ausziehen und erklärte der Lehrerin, er sei nämlich grusig.»

An seine erste Lehrerin hat Christian gute Erinnerungen. Obwohl er ausserordentlich viel Aufmerksamkeit braucht und den Unterricht stört, scheint sie Geduld zu haben. Sie versucht, ihn in die Klasse zu integrieren, ihn zu stützen, auch gegenüber den anderen Kindern. Doch Christians Hautoperationen behindern den Beziehungsaufbau. Er fehlt oft und lange.

Nach der ersten Einschulung kommt Christian in eine neue Klasse und zu einem autoritären älteren Lehrer, mit dem es überhaupt nicht funktioniert. Christian erzählt rückblickend von rassistischen Beschimpfungen, Demütigungen und Gewalt. Druck und Gegendruck, das kennt er aus dem Kinderheim. Die Eskalationsspirale dreht sich wieder. In Mariellas Tagebuch findet sich ein loses Blatt Papier mit einer Strafaufgabe. «Ich bin ein dummer blöder Schnuri und darf nicht mehr in die Beiz», zwingt ihn der Lehrer zu schreiben, bis das Blatt voll ist.

Es ist wie eine sich selbst erfüllende Prophezeiung, Christian wird in eine Kleinklasse versetzt und dann in die Kinderpsychiatrie überwiesen. Dort geht sein Leidensweg weiter. Er wird von den anderen Kindern gehänselt und geplagt, sodass er sich in der Freizeit nicht mehr getraut, sich ohne Schutz von Erwachsenen durch die Institution zu bewegen. Der behandelnde Arzt rät Mariella zu einer schnellen Lösung. Sie findet eine anthroposophische Heimschule und hofft, diese Umgebung möge Christian Halt geben.

In Christians Erzählung über seine abermalige Zeit in einem Heim wechseln sich traumatisierende und euphorisierende Erlebnisse ab. Aus den Heimakten wiederum ist ersichtlich, dass sich das Muster nicht verändert. Auf Autorität und Zwang reagiert Christian mit Trotz und Widerstand. Auch hier dreht die Eskalationsspirale. Dieses Mal über sieben Jahre. Unterbrochen wird sie lediglich durch Christians Spitalaufenthalte. In seinem Dossier finden sich immer wieder Einträge, dass es schwierig sei, Christian nach längerer Krankheitsabwesenheit erneut aufzunehmen und zu integrieren. Insgesamt scheint der Umgang mit seinen körperlichen Versehrungen unbeholfen, schreibt doch der Heimarzt, es sei «sehr wichtig, dass Christian lerne die Narben durch seinen Willen zu dehnen, die Adern zu zwingen, dass die Durchblutung immer besser werde». Auch das Stigma des Jenischen wird Christian nicht los, denn derselbe Arzt findet, «dass Christian ein Zigeuner sei, wie es im Buche stehe, deshalb das viele Interesse der Leute an ihm».

Für Mariella Mehr muss sich dies alles anfühlen, als wiederhole sich ihre eigene Geschichte. Darauf deutet ein Tagebucheintrag hin, den sie macht, bevor Christian in die Psychiatrie überwiesen wird: «christian malt jetzt schwarze, gespenstergleiche bäume. eine geschichte fällt mir ein aus tolkiens ‹herr der ringe›. ein heer von bäumen wandert den menschen entgegen, vernichtet alles gesetzlose. Sie sprechen eine baumsprache, erdhaft und knorrig wie ihre äste. Sie warten auf den augenblick der unbeweglichkeit. sie sind es müde, als racheengel zu wandern, zu zerstören, was da wider die natur frevelt. christians baum erinnert mich an diesen märchenwald und düstere bilder aus der kindheit werden wieder lebendig. die wälder meiner kinderträume waren immer schwarz und beweglich. ich verfing mich in vielen menschenfressenden ästen, ich wurde tausendmal in ihnen zermalmt.»

1995

In Zürich wird die offene Drogenszene am Letten geschlossen. Als Ersatz für den Letten gibt es Drogenkonsumräume, Notschlafstellen, Wohnprogramme und die Heroinabgabe. Bei einer Razzia kurz vor der Lettenschliessung hauen sich Christian und ein paar andere in aller Eile alles in die Venen, was sie auf sich haben. Daraufhin werden sie abgeführt. Christian ist voll drauf. Heroin, Kokain, Benzodiazepin. Es geht bergab. In Peking findet die vierte UNO-Weltfrauenkonferenz statt. Die Schweiz ist nicht UNO-Mitglied, aber dabei. Das Parlament verabschiedet das Gesetz über die Gleichstellung von Frau und Mann, vierzehn Jahre nach ihrer Verankerung in der Bundesverfassung. Die Erhöhung des Frauenrentenalters auf 64 wird in einer Volksabstimmung mit sechzig Prozent angenommen. Ab dem 65. Altersjahr leben Männer im Durchschnitt noch 15,5 Jahre, Frauen 19,7 Jahre. Die Erwerbsquote der Frauen beträgt 42,3 Prozent, jene der Männer 63,1 Prozent, die Arbeitslosenquote 4,8 Prozent und 3,9 Prozent. Die Schweiz hat die höchste Erwerbstätigenquote in Europa vor Dänemark. Das Sterberisiko von zwanzigjährigen Männern ist dreimal höher als jenes der gleichaltrigen Frauen. Unfälle, Herzkrankheiten und Aids zählen zu den häufigsten Todesursachen. Zwei Prozent der Schulkinder zwischen elf und sechzehn trinken täglich Alkohol und sieben Prozent rauchen täglich. 18,4 Prozent haben mindestens einmal Cannabis ausprobiert, 7,9 Prozent Aufputschmittel und 1,4 Prozent Ecstasy. Der Bundesrat erhöht die Anzahl Plätze in dem Versuchsprogramm zur kontrollierten Heroinabgabe von fünfhundert auf achthundert, die jährliche Importmenge an Heroin von 117 auf 200 Kilo. Bei den bisherigen Teilnehmer:innen sank die Obdachlosigkeit von fünfzehn Prozent auf drei Prozent, die Erwerbstätigenquote stieg von 18 Prozent auf 46 Prozent.

FREIER FALL

Das ist das Schlimmste. Es ist etwas, das recht einfährt. Es ist ..., wie soll ich sagen ..., du fühlst dich so miserabel, dass du ..., du hast keine Energie mehr, keine Power mehr, du kannst dich kaum noch vorwärts-bewegen, du bist völlig leer, und es scheisst dich alles an, du hast über-haupt keine Lust mehr, du kriegst langsam, aber sicher Fieber, hast Schüttelfrost, hast kalt und warm und kalt, hast Bauchweh und Durch-fall. Je länger es geht, umso mehr ist es so. Am zweiten, dritten Tag ... Am zweiten Tag ist es am schlimmsten. Am dritten Tag ist es auch recht krass, und dann wird es schon wieder besser. Aber so weit lässt du es gar nicht kommen, du willst vorher den Stoff. Es ist in dir drin, so ein Trieb, ah, ich brauch den Stoff, ich will mich herunterholen. Und dann machst du den Kick und kommst runter vom Aff, und das ist so ein geiles Gefühl, ein so schönes Gefühl ... Das kannst du gar nicht beschreiben. Dein ganzer Körper entspannt sich, wie wenn du dich hinlegst und jemand deinen ganzen Körper massiert. Wenn du verkrampft bist, löst sich alles. Nur löst es sich innert Sekunden. Das ist total geil. Das Ganze kommt über dich herein, wumm, und du bist total gelöst, hast wieder Energie, bist wie aufgetankt, wie wenn du Benzin in ein Auto füllst und wieder ein paar hundert Kilometer fahren kannst. So füllst du dich auf.

Tossi in der Sendung «DOK: Bericht von der Drogenfront»,
Schweizer Fernsehen SRF, 01.09.1994

Ich besuche Mariella und Ueli in Italien. In den 1990ern spo-radisch, ab 2005 häufiger. Ich bin nun clean. Weg von den Drogen, nicht vom Alkohol. Den habe ich einigermassen im Griff. Mariella hingegen trinkt mehr denn je. Lallt, flippt aus, schlägt Ueli, ihren Ehemann. Er mailt mir Fotos von blauen Flecken. Die Beziehung zwischen ihm und Mariella ist mitt-lerweile mindestens so verfahren wie jene zwischen Mariella und mir.

Ich fahre wegen Ueli nach Italien, nicht wegen Mariella. Er interessiert sich für mich, er ist wichtig für mich. Die Distanz zwischen Mariella und mir ist grösser als sieben Stunden Zugfahrt. Seit gut dreissig Jahren. Es gibt Dinge, die will sie nicht hören. Ich will nicht aufhören, sie zu sagen.

Es beginnt in Klosters. Sie entführt mich 1973 aus dem Jugendheim Sardasca. Das war die Hölle. Drill. Schläge. Zigeunersprüche. Christliche Kälte. Mariella taucht auf mit ihrem damaligen Mann. Beni, er ist in Ordnung.

Beni geht mit mir spazieren, während Mariella meine Sachen zusammenpackt. Dann brausen wir in einem Mini-Cooper davon. «Kinder der Landstrasse» ist am Ende. Die Artikel im «Beobachter» haben eingeschlagen. Mariella wartet nicht, bis die Formalitäten erledigt sind. Sie stiehlt mich. Sie ist meine Heldin.

Umso grösser die Enttäuschung danach. Sie arbeitet. Sie säuft in der Berner Bohème herum. Sie hat tausend Männer und Frauen. Ich muss sie zur Polizeistunde aus der Kneipe nach Hause holen. Anderntags brodelt es in mir. In der Schule zerbreche ich alle Farbstifte auf einmal. Ich tobe. Reisse die Zeichnungen von den Wänden. Stürze die Pulte um. Zertrümmere Schreibtafeln. Steige auf den Fenstersims und drohe, hinunterzuspringen. Die Lehrerin versucht, mich aufzufangen. Aber ich will nicht aufgefangen werden. Ich will explodieren.

Mit Waschlappen versuche ich, meine Narben wegzuputzen. Ein halbes Jahr lang. Es scheuert und schmerzt. Die Haut entzündet sich. Die Narben bleiben. Allmählich wird mir klar, dass ich ein Krüppel bin. Ich beschliesse, damit zu leben, am Leben zu bleiben. Ein bewusster Entscheid. Ich erinnere mich heute noch daran. Selbst in den verrücktesten Exzessen werde ich wissen, wann ich stoppen muss. Ich werde mir Stoff in die Halsschlagader spritzen, aber ich werde nicht daran sterben. Ab diesem Augenblick verfüge ich über eine intuitive Selbstmordbremse.

Die Lehrerin ist nett. Sie hat endlos Geduld. Aber dann haut Mariella ab. Mit einem Lastwagen nach Teheran und zurück. Sechs Wochen. Sie parkiert mich bei Bekannten. Diese schieben mich weiter. Und weiter. Ich drehe durch. Der neue Lehrer hält mich nicht aus. Er schimpft mich einen verbrannten Zigeuner. Er steckt mich in eine Kleinklasse. Mitten im Quartal. Nach drei Wochen fliege ich auch da raus.

Psychiatrische Universitätsklinik für Kinder- und Jugendpsychiatrie Neuhaus. Ich bin hier zur Abklärung. Wie Mariella in meinem Alter. Der Arzt redet mit mir wie mit einem Teddybären. Im Intelligenztest mache ich mehr Punkte, als er erwartet hat. Das Vagantenbalg ist schlauer, als der Herr Doktor meint. Ich muss den Test wiederholen.

2007 beschaffe ich mir meine Psychiatrieakten. Sara Galle begleitet mich. Der damalige Assistent ist jetzt Chef. Ich grüsse mit Namen. Er ist erstaunt, kann sich nicht erinnern. Ich schon. Leute, die mich gedemütigt haben, vergesse ich nie.

Die Klinik hat eine Schule. Da werde ich verdroschen. Ich bin das Lieblingsopfer. Meine grosse Klappe macht mich dazu. Die anderen lauern mir in der Pause auf und auch nach dem Unterricht.

Mariella ist überfordert mit mir. Die Klinik findet, ich könne nicht bleiben, weil ich zu viele Aggressionen auf mich ziehe. Die Schule will mich nicht mehr, weil ich zu viel Aggression ausstrahle. So komme ich wieder ins Heim. Von der Geburt an ein halbes Jahr im Gefängnis, dann vier Jahre Pflegefamilie mit einem Unterbruch, zwei Jahre Heim, zwei Jahre bei meiner Mutter, ein paar Monate in der Psychiatrie, dazwischen immer wieder im Spital, und nun weitere sieben Jahre Heim.

Mariella meint es gut. Sucht mir etwas Anthroposophisches. Etwas Sanftes, Antiautoritäres. Sie will mir den Terror der Ordensschwestern ersparen. Das geht voll daneben. In der Anthroposophie darf man sich den Stock aussuchen, mit dem man geschlagen wird.

Natürlich habe ich im Heim auch gute Zeiten. Werken mag ich. Schmieden, Kupfertreiben. Da bin ich mucksmäuschenstill. Ich fertige einen Hammer und eine Sichel an. Der Werklehrer ist auch Skilehrer. Er fördert mich. Ich lerne Skifahren. Ich fahre Rennen. Ich und meine Beine. Wir gehen auf mehrtägige Skitouren. Das werde ich auch später auf Drogen noch tun. Allerdings nie mehr nüchtern. Skifahren ist mein Ding. Seit ich aufgehört habe zu fixen, bin ich nicht mehr gefahren. Die Schmerzen sind zu gross, die Beine zu kaputt. Aber einmal möchte ich noch. Nur einmal.

Wir sind eine wilde Bande. Wir halten zusammen. Einige wenigstens. Spätestens mit dreizehn wissen wir, wer der Feind ist. Wir probieren jede Droge aus, die wir greifen können.

Wegen meiner grossen Klappe gerate ich weiterhin unter die Räder. Bei Kindern und Erwachsenen. Ich werde verprügelt. Ich sage es Mariella. Flehe sie an, mich rauszuholen. Wochenende für Wochenende muss ich zurück. Ich gebe nicht auf. Ich habe meinen Kopf.

Ich höre auf zu schreien. Diesen Triumph gönne ich niemandem.

Kurz vor Schulabschluss raste ich aus. Der Heimleiter glaubt, er hätte einen weiteren schwer erziehbaren Lümmel gezähmt. Das gönne ich ihm nicht. Ich mache etwas Böses. Wirklich bös. Ich greife seine Frau an. Darauf bin ich nicht stolz. Ich weiss mir nicht anders zu helfen. Ich kann nicht klein beigeben. Sie werfen mich aus dem Heim. Definitiv. Ohne Abschluss. Ohne Chance zur Wiederaufnahme. Ich bin draussen. Ich habe es überstanden. Ich bin frei. Ich habe es allen gezeigt. Ihr Versagen, mein Triumph.

Dann kommt der Hammer. Ich erfahre, dass ich gar nicht hätte im Heim bleiben müssen. Mariella hätte mich herausholen können, wenn sie gewollt hätte. Und ich dachte, der Vormund erlaube es nicht, es sei der Staat, der mich wegschliesse. Doch es ist Mariella, die findet, es sei besser, wenn ich bis zum

Ende der Schulzeit im Heim bleibe. Das ist der endgültige Bruch. Ich verwüste ihre Wohnung, während sie in Spanien das Frausein erforscht. Zurück in Bern, schmeisst sie mich raus. Das wars.

Natürlich nicht. Wir treffen uns immer noch ab und zu. Aber etwas ist zerbrochen. Das bleibt es lange. Ueli ist mir nun näher als Mariella. Mit ihr funktioniert es nach 1982 nicht mehr richtig. Wir kriegen fast immer Streit.

2010, knapp dreissig Jahre später, kann Ueli nicht mehr. Er will zurück in die Schweiz. Marianne Pletscher und Erica Brühlmann-Jecklin helfen bei der Rückreise. Sie sind Mariellas langjährige Freundinnen, die letzten, die noch zu ihr halten. Sie haben nicht aufgegeben, haben sich von Mariellas Zerstörungswut nicht kaputt machen lassen.

Die Rückkehr dauert drei Jahre. Den ersten Schritt macht Mariella 2011, freiwillig direkt in die Psychiatrische Universitätsklinik Zürich. Sie, die ein Leben lang gegen die Psychiatrie angeschrieben hat. Sie ist am Boden, wird wieder aufgepäppelt. Sobald es ihr einigermassen besser geht, reist sie zurück in die Toskana.

Von nun an geht es auf und ab. Einmal will Mariella zurück, dann wieder nicht. Das kommt schlecht an in der Schweiz. Eine Rückwanderung unterstützen die Behörden nur einmal. Das Konsulat ist kein Reisebüro. Die Krankenkasse weigert sich, einen Entzug zu finanzieren, wenn Mariella nicht wirklich bleiben will. Trocken werden kann sie auch in Italien auf italienische Kosten.

2013 ist die Zeit reif für die definitive Rückkehr. Wieder in die Psychiatrie und danach in die Forel-Klinik in Ellikon zur Ausnüchterung. Aguste Forels Klinik. Was für eine Ironie.

Dann, 2015, geht die Welt unter. Meine Welt. Ueli bringt sich um. Mit einem Strick. In einem Hotel in der Toskana.

Wie einfach es nun wäre, alles wegzufixen. Ein Schuss nur, ein einziger Schuss.

Ich stürze ab. Ungebremst, grenzenlos, selbstzerstörerisch. Aber nicht mit Sugar, nicht mit Koks, nicht mit Benzos. Alkohol ist es. Wie bei Mama.

Ich saufe, um zu saufen. Meistens abends zu Hause, wenn ich allein bin. Whiskey, Jägermeister, Bier. Altes Muster, neuer Stoff. Ich bin jetzt Alki.

Top oder Flop. So ist das bei mir. Darum wird 2017 auch noch Lolla überfahren. Mein Hund. Sira habe ich 2012 begraben. Sie hatte Krebs. Nun passiert es bei einem Abendspaziergang in Affoltern. Ein Autoraser. Fahrerflucht. Keine Chance, ihn zu kriegen, sagt die Polizistin. Ihr Kollege telefoniert mit dem Tierschutz. Die interessieren sich nur für lebende Tiere. Der Polizist gibt mir einen Plastiksack für Lollas Überreste.

Ich habe Lolla aus dem Tierheim geholt. Wir hatten es beide nicht so mit Heimen. Sie war ein Diabetes-Spürhund. Ich habe sie ausgebildet. Sie hat mich geweckt, wenn ich unterzuckert war. Mehr als einmal.

Zurück in den Cocon. Das Hirn ausschalten, das Denken einfrieren. Mehr Whiskey, mehr Jägermeister, mehr Bier.

1998

Christian wird ein weiteres Melanom herausgeschnitten.
Danach hat er fünf Jahre Ruhe vom Krebs. Sobald er aus dem
Spital entlassen wird, stürzt er wieder ab. Er verliert seine
Dealerkontakte und landet ganz unten in der Gassenhierarchie.
Er beschliesst, etwas zu ändern. Mariella wird die Ehrendoktor-
würde der Universität Basel verliehen. Bundesrätin Ruth Dreifuss
informiert über die erste vom Bund initiierte Studie zum
Hilfswerk «Kinder der Landstrasse». Die systematische Diskriminierung von Jenischen wird anerkannt, die Stiftungsrats-
präsidentin von Pro Juventute, Ständerätin Christine Beerli,
entschuldigt sich. Das Deutschschweizer Fernsehen ist eine
Woche lang mit Jenischen unterwegs. Jeden Abend wird aus
einem anderen Ort gesendet. Die dominierenden Themen
sind Vorurteile, bürokratische Schikanen und zu wenig Stand-
und Durchgangsplätze. Das Parlament ratifiziert das Rahmen-
übereinkommen des Europarates zum Schutz nationaler
Minderheiten. Die Fahrenden werden als nationale Minderheit
anerkannt, auch diejenigen, die nicht (mehr) fahren. Es ist
das 150. Jahr nach der Bundesverfassung von 1848 und das
200. Jahr nach der von Frankreich 1798 aufgezwungenen Demo-
kratie während der Helvetik. Das Parlament streitet von Januar
bis Dezember über die Totalrevision der Bundesverfassung. Am
Ende wird sie mit wenigen materiellen Änderungen revidiert.
Neu werden die Grundrechte von Kindern und Menschen mit
einer Behinderung aufgeführt. Die Droleg-Initiative zur Straf-
befreiung des Drogenkonsums wird in einer Volksabstimmung
mit 74 Prozent Nein-Stimmen abgelehnt. In Zürich befürworten
67,8 Prozent der Stimmberechtigten die Weiterführung der
Heroinabgabe. Der Freistaat Bayern schafft die Todesstrafe
ab. Aserbeidschan tut dasselbe. In Ruanda werden 22 Todes-
urteile öffentlich vollstreckt.

DUMPF UND BÖS

Rassismus ist, im Unterschied zur Rasse selbst, keine tatsächliche Gegebenheit, sondern eine zur Ideologie entartete Meinung, und die Taten, zu denen er führt, sind keine blossen Reflexe, sondern Willensakte, die sich logisch aus gewissen pseudowissenschaftlichen Theorien ergeben.
Hannah Arendt, Macht und Gewalt, 1970

Clara Reust (1916–2000) wird an der Sozial-Caritativen Frauenschule Luzern zur Fürsorgerin ausgebildet und schliesst 1944 mit dem Diplom ab. Danach arbeitet sie im Seraphischen Liebeswerk in Luzern. Es ist anzunehmen, dass sie in diesem Umfeld den Gründer von Kinder der Landstrasse kennenlernt. Alfred Siegfried ist im Vorstand des Caritasverbandes Zürich und platziert seine Mündel auch in Zusammenarbeit mit dem Seraphischen Liebeswerk. Vermutlich hat Siegfried Reust als seine Mitarbeiterin nach Zürich geholt. Ab 1959 übernimmt Reust Vormundschaften von jenischen Kindern.

Alfred Siegfried (1890–1972) arbeitet von 1924 bis 1958 bei Pro Juventute und gründet 1926 «Kinder der Landstrasse». Ab 1927 leitet er die Abteilung Schulkind im Zentralsekretariat in Zürich. Neben vielen anderen Aufgaben für Pro Juventute fungiert er als Propagandist und Spendensammler für «Kinder der Landstrasse», hält Vorträge und veröffentlicht Pamphlete. Selbst im Ruhestand trifft er sich noch regelmässig mit Clara Reust. Zeitweise übt er mehr als 280 Vormundschaftsmandate aus. Wochenenden und Ferien arbeitet er durch. Seine Mündel nimmt er mit nach Hause oder in den Urlaub.

Mit 67 geht Alfred Siegfried 1957 in Rente. Er nutzt die

ersten Jahre seines Ruhestandes, um sich selbst ein Denkmal zu setzen, und veröffentlicht 1963 die Bilanz seines Lebenswerks: «Kinder der Landstrasse. Ein Versuch zur Sesshaftmachung des fahrenden Volkes». Fachzeitschriften und Zeitungen sind begeistert und loben Siegfrieds «unablässiges, selbstloses und hingebungsvolles Engagement». Auch die «Neue Zürcher Zeitung» veröffentlicht eine Rezension. Zwar möge auch die allgemeine Wirtschaftsentwicklung zum «Rückgang des Vagantentums» beigetragen haben, trotzdem sei der Leistungsausweis des «Hilfswerks» beträchtlich. «Es ist der Erfolg einer unermüdlichen, liberalen und sich mit den individuellen Gegebenheiten befassenden Fürsorgetätigkeit seines Gründers und Leiters.»

Welchen Platz in der Gesellschaft Jenische beanspruchen dürfen, stellt die NZZ ebenfalls klar: Die Buben bewährten sich als «Bauhandlanger, Ausläufer oder Landknechte» ganz ordentlich, «und die Mädchen wurden oft tüchtige Hausfrauen und Mütter. Von den Begabteren sind einige Schmiede und Maler, andere Metzger, Spengler und Fabrikarbeiter geworden. Von den begabteren Mädchen wurde eines Heilgymnastin, eines Sekretärin und eines gar erste Verkäuferin.» Eine zukünftige Schriftstellerin passt nicht in dieses Bild.

Siegfrieds Buch strotzt vor Vorurteilen und Stereotypen. Empirische Belege bleibt er weitgehend schuldig, dafür finden sich Behauptungen wie die folgende: «Die Liebe der fahrenden Mütter (von den Vätern spricht man besser nicht, denn ihre Rolle ist auch in diesen Belangen durchaus passiv) ist sehr primitiv, um nicht zu sagen, animalisch.»

Das sind Sätze, wie sie in einer beliebigen rassistischen Schrift stehen könnten. Offenbar trifft Siegfried damit weitverbreitete Meinungen, wie der Beifall in Fachwelt und Medien zeigt. Er scheint zu sagen, was die Leute hören wollen. Das mag auch an Siegfrieds pseudowissenschaftlicher Sprache liegen, die mit gewählten Worten verwischt, was am Stammtisch deutlich hässlicher klingen dürfte: «Wir haben bereits darauf hingewiesen, dass das Vagantenkind in den weitaus meisten Fällen um sein Spielalter betrogen wird, und wir glauben, dass diese Vernachlässigung neben kaum zu bestreitenden erbbiologischen Komponenten mit als Ursache der durchwegs festzustellenden untermittelmässigen Intelligenz genannt werden muss.»

Im Übrigen ist Alfred Siegfried gar nicht so erfolgreich, wie er sich gibt. Längst nicht jeder Versuch, einer Familie die Kinder wegzunehmen, gelingt. Auf ein positiv beantwortetes Gesuch kommen mehr als zwei abgelehnte.

Nach Siegfrieds Abgang 1957 wird Reust ein neuer Vorgesetzter vor die Nase gesetzt, Peter Doebeli. Er wird nach einem Jahr beurlaubt, weil er eine Lehrtochter sexuell belästigt hat. Augenscheinlich wertet dies die Stiftungskommission nicht als gravierenden Verstoss gegen den Arbeitsvertrag, denn ein weiteres Jahr später ist Doebeli wieder im Amt. Jetzt übt er Gewalt gegen Mädchen und junge Frauen aus, die von der Pro Juventute betreut werden. Er tut dies in seinem Haus, seinem Auto, in Hotels, in Heimen.

Katja Lechleitner ist eines von dreizehn Opfern Doebelis. Um sein Verbrechen zu vertuschen, will er sie in Bellechasse versorgen. Er lässt sie verhaften. In Untersuchungshaft gelingt es ihr, einen Beamten zu überzeugen, näher hinzuschauen. Ein Verfahren wird gegen Doebeli eingeleitet. Andere Fälle kommen ans Licht. Das Zürcher Obergericht betrachtet diverse Straftatbestände als erfüllt, auch Vergewaltigung. Doebeli kassiert 1963 zwei Jahre und sechs Monate Zuchthaus. Erst jetzt verliert er seine Stelle bei Pro Juventute. Die Stiftung sorgt dafür, dass das Urteil nicht veröffentlicht wird.

Es vergehen 26 Jahre, bis das Deutschschweizer Fernsehen 1989 darüber berichtet. Im Rahmen der Debatte über die Akten von «Kinder der Landstrasse» porträtiert der Sender Katja Lechleitner und zwei weitere jenische Frauen. Dabei wird aus einem internen Pro-Juventute-Rapport von 1961 zitiert: «Wir dürfen wohl hoffen, dass die erforderlichen Untersuchungen nicht dazu führen, die seit fünfzig Jahren geleistete segensreiche Tätigkeit der Stiftung Pro Juventute mit ihren fünftausend freiwilligen Mitarbeitern in der Öffentlichkeit zu diffamieren wegen des menschlichen Versagens eines einzigen Mitarbeiters.» Dass dahinter eine Führungs- und Organisationskultur steht, die Doebelis Vergehen ermöglicht hat, steht offensichtlich nicht zur Diskussion.

Die Macht der Abteilungsleiter Siegfried und Doebeli in Kombination mit fehlender Kontrolle seitens der Stiftungsleitung lässt psychische, sexuelle und andere Gewalt gegen die anvertrauten Kinder zu. Die Dunkelziffer dürfte hoch sein. Selbst der Gründer von «Kinder der Landstrasse» ist wegen eines sexuellen Übergriffs vorbestraft. Klagen seiner Mündel geht Pro Juventute nie nach.

Als Gymnasiallehrer in Basel verführt Alfred Siegfried 1924 einen Schüler zu sexuellen Handlungen. In der Einvernahme durch den Staatsanwalt gibt er die Tat zu. Zwecks Abklärung der Zurechnungsfähigkeit wird er von der Untersuchungshaft direkt in eine psychiatrische Klinik gebracht. Das Gutachten attestiert ihm eine homosexuelle Veranlagung, die durch ärztliche Behandlung kaum geheilt werden könne. Der Staatsanwalt fordert eine Verurteilung und Einweisung in die Psychiatrie.

Für einen Mann, dem eine Straftat nachgewiesen, aber keine Heilungschancen attestiert werden, bedeutet das zu jener Zeit lebenslängliche Verwahrung. Siegfried drohen die Torturen, denen er später seine Zöglinge aussetzt. Doch das Gericht ist gnädig. Eine fünfjährige Gefängnisstrafe hätte es anordnen können, zwei Monate bedingt werden es. Siegfried wird wegen «unzüchtiger Handlungen» mit einem Schüler verurteilt und als Lehrer entlassen. Noch im selben Jahr stellt die Pro Juventute Siegfried als Mitarbeiter im Zentralsekretariat an. Nach drei Jahren leitet er die Abteilung «Schulkind». Mit abweichendem Verhalten in den eigenen Reihen geht das Bürgertum weitaus gnädiger um als mit gesellschaftlich diffamierten und marginalisierten Gruppen wie den Jenischen.

Über Clara Reust ist nichts dergleichen bekannt. Sie lebt ihre Macht anders aus. Reust manipuliert ihre Mündel, verbietet ihnen die Heirat, sagt ihnen wider besseres Wissen, ihre Eltern seien tot, lässt Familien polizeilich ausspionieren, auch Christians Vater. Selbst nach der Auflösung des «Hilfswerks» Kinder der Landstrasse weigert sich Reust, den Kindern die Identität ihrer Eltern preiszugeben.

Während Siegfried den wortgewandten Wohltäter mimt, ist Reust die stille Eiferin im Hintergrund. Gemessen an ihren Notizen und Berichten sind beide ideologisch verbohrt, was sie tun, ist kaltherzig und böse.

2000

Christian hört auf zu fixen. Mit Kokain ist Schluss. Methadon baut er schrittweise ab. Das dauert ein Jahr. Danach sind Benzos und Psychopharmaka an der Reihe. Es gibt Rückfälle. Das Reissen nach dem Cocktail ist gross. Die totalrevidierte Bundesverfassung wird nach zehnjährigem Hin und Her in Kraft gesetzt. Adolf Ogi ist zum zweiten Mal Bundespräsident und tritt Ende Jahr zurück. Die Bevölkerungszahl in Indien überschreitet eine Milliarde. In der Schweiz sind es 7,2 Millionen Menschen, mehr als doppelt so viele wie hundert Jahre zuvor. Ein Fünftel davon hat eine ausländische Staatbürgerschaft. Diese Menschen verdienen im Durchschnitt vierzehn Prozent weniger als Schweizer:innen. Stimm- und wahlberechtigt sind sie nur in ganz wenigen Kantonen, in Neuenburg und im Jura zum Beispiel. Die Forderung, das Stimmrechtsalter auf sechzehn zu senken, hat im Parlament keine Chance. Es gibt halb so viele Demonstrationen mit mehr als tausend Personen wie im Vorjahr und viel weniger Proteste von Ausländer:innen gegen die Politik in ihrem Herkunftsland. Dafür nehmen die öffentlichen Auftritte von Rechtsextremen zu. Am 1. August stören hundert Skinheads die Rede von Bundesrat Kaspar Villiger auf dem Rütli. Der Bundesrat findet, Rechtsextremismus müsse im Auge behalten werden, vor allem international. Im Dezember erscheint derjenige Teil des Bergier-Berichts, der sich mit der Politik der Schweiz gegenüber Jenischen, Sinti und Roma während des Nationalsozialismus befasst. Er kommt zum Schluss, dass die inländischen Fahrenden diszipliniert und die ausländischen ferngehalten wurden. Auch dann noch, als klar war, was ihnen bei den Nazis blühte. Der Bundesrat zeigt sich betroffen, sagt aber auch, dass er bereits viel getan habe für die Wiedergutmachung.

NÄHE

Die Welt, unsere Welt, ist leer und verarmt genug. Weg mit all
ihren Duplikaten, bis wir wieder unmittelbarer erfassen, was wir haben.
Susan Sontag, Gegen Interpretation, 1966

Es geht auf und ab. Ich besuche Mariella in der Klinik. Ich
breche mit ihr. Gebe ihr die Schuld an Uelis Tod. Versaufe in
Mitleid und Selbstmitleid. Ich bin Ueli, ich bin ich.

Ich besuche Mariella trotzdem wieder. Sie beschimpft mich.
Ich stoppe meine Besuche. Gehe nach einer Weile wieder hin.
Wir verstehen uns besser. Sie schreibt wieder. Selbst ich kann
beurteilen, dass das nicht mehr die Texte der alten Mariella
sind, der Schriftstellerin. Nichtsdestotrotz ermutige ich sie.
Dann eskaliert es wieder.

Wir sind beide hochexplosiv. Manche Worte sind Zünd-
kapseln. Solche Reizwörter haben wir beide mehr als genug.
Bei gewissen Themen sind wir Kriegsparteien. Über Ueli reden
geht gar nicht. Unsere Beziehung ist ein Minenfeld. Übersät
mit vor Jahren eingegrabenen Vorwürfen. Die kürzeste Zünd-
schnur indes kommt bei beiden von unserem Selbstbestim-
mungsdrang. Wir glauben schnell einmal, andere wollten über
uns verfügen. Dann knallt es. Direkt und unmittelbar.

Mariella wird aus der Forel-Klinik entlassen. Das kommt
nicht gut, sage ich der Ärztin. Aber Mariella ist eine mündige
Frau. Bevormundet war sie schon, das darf sich nicht wiederholen. Marianne Pletscher organisiert eine Wohnung. Und Spitex. Und Pro Senectute. Mich braucht es erst einmal nicht mehr.

Mariella säuft sofort wieder.

Wenig später beginnen die Telefonanrufe. Die Polizei. Mitten in der Nacht. Mariella wird sturzbetrunken aufgefunden. Irgendwo in der Stadt. Entweder am Randalieren oder kurz vor dem Koma. Ich soll sie abholen. Ich sage, man solle mich nicht mehr anrufen. Ich sei doch der Sohn, sagt der Polizist. Na und, sage ich.

Ich gehe trotzdem in den Notfall. Sitze an ihrem Bett. Spreche mit ihr, ohne zu wissen, ob sie mich hört. Und eines Tages ist sie nicht mehr da. Ich telefoniere in den Institutionen herum. Versuche herauszufinden, wohin sie gebracht worden ist.

Meistens finde ich sie im Burghölzli. Oft büxt sie so schnell wie möglich wieder aus, wird kurz darauf erneut eingeliefert. So zieht sich das Spiel hin. Es ist wie in ihrer Jugend.

Ich weiss nicht, ob ich es wegen Mariella mache, aber ich stelle das Trinken ab. Nullkommanull, nullkommaplötzlich. Es muss sein. Alk macht das Chaos in meinem Kopf nur immer noch grösser. Es muss aufhören. 2018 ist es so weit.

Im selben Jahr finde ich Mariella eines Tages bewusstlos in ihrer Wohnung. Es hat nicht viel gefehlt, und sie wäre gestorben. Alle haben Angst, sie nun bald ganz tot aufzufinden. Die Spitex lehnt die weitere Betreuung ab. Die Ärztin kommt zum Schluss, dass Mariella nicht mehr allein leben kann. Die Leute im Haus wollen auch nicht mehr. Sirenen und Blaulicht alle paar Tage zehren an ihren Nerven. Die Hauseigentümerin ordnet die Exmission an. Mariella will auf keinen Fall ins Heim, will nicht dort enden, wo es begonnen hat.

Zuerst bringe ich ihre Bücher in Sicherheit. Daran hängt sie am meisten. Auf die Autogramme von Frisch und Dürrenmatt ist sie stolz wie eine Germanistikstudentin. Ein Teil geht ins Schweizerische Literaturarchiv in Bern, ein anderer in die Pestalozzibibliothek in Zürich. Ich lagere die Möbel ein.

Mit vereinten Kräften organisieren wir eine Übergangsphase im Waidspital. Und dann doch einen Heimplatz. Nach zwei Wochen fliegt sie raus. Sie säuft, sie randaliert. Endlich finden wir 2019 eine Institution, in der sie trinken kann. Davon gibt es nicht viele. Alkis schrecken die Kundschaft ab. Wer will sein Grosi schon in einem Heim besuchen, in dem eine Bande von Saufköpfen herumlallt.

Mariellas Lieblingsbücher gehen mit ins Heim, einige Bilder noch und ihr geliebter Tisch. Sie kommt zur Ruhe, schäkert mit dem Pflegepersonal. Ihr Rollator hat einen Glashalter. Morgens um zehn sitzt sie mit den anderen Alkis vor dem Eingang. Andere reihen Bierdosen auf. Mariella füllt den Wasserbecher mit Whiskey. Eine Flasche pro Tag wird es schon. Dazu noch Wein. Sie bleibt.

Die Künstlerin Mona Caron malt ein Wandgemälde im Heim. Auf der Terrasse, wo Mariella sitzt und raucht. Eine Blumenranke auf Sichtbeton. Wo Kunst ist, zieht es Mariella hin. Die beiden freunden sich an. Mariella gibt dem Bild einen Namen. «Fröhlich verwildern». So steht es auf einem Messingschild.

Nebenbei werde ich wieder einmal operiert. An den Beinen und an der Bauchspeicheldrüse. Um herunterzukommen, schaue ich Zombiefilme. «The Night of the Living Dead», «Return of the Living Dead». Am besten am Stück.

Über diese ganze Zeit, in ihrer eigenen Wohnung und später im Heim, kommen Mariella und ich uns näher. Schrittweise und mit Unterbrüchen. Aber wir reden häufiger miteinander, ohne uns gegenseitig zur Weissglut zu bringen. Das ist Ericas Verdienst. Erica Brühlmann-Jecklin, meine Gotte. Als Psychotherapeutin und Mediatorin kennt sie sich aus mit verkorksten Beziehungen. Sie vermittelt zwischen Mariella und mir. Stetig, geduldig und erfolgreich.

Irgendwann einmal spricht Mariella von der «Liebe meines Lebens». Sie meint Siro Moja. Sie meint meinen Vater.

Vor Jahrzehnten zeigte sie mir ein Foto. Ein Mann in Uniform. Ich war achtzehn Jahre alt. Ein altes Foto ist zu wenig, um Geborgenheit zu erzeugen. Die längste Zeit meines Lebens hatte ich keinen Vater. Jetzt will ich erst recht keinen mehr, jetzt will ich abheben, ausbrechen, mich austoben.

Mittlerweile bin ich über fünfzig. Die Vorstellung, dass ich einen Vater habe, beruhigt mich. Die Wut, die mich ein Leben lang begleitet hat, ist zwar immer noch in mir, aber sie wütet weniger stark.

Mariella erzählt von Siro. Macht ihn lebendiger. Ich hänge an ihren Lippen. Das ist es, was wir nie wirklich hatten. Zusammen zu sein, wie Mutter und Sohn. Es tut gut zu hören, dass Siro nicht abgehauen ist. Er hat mich nicht im Stich gelassen. Er hat gekämpft.

Siro Moja war Rom. Ist vor Mussolini nach Frankreich geflohen. Hat dort in der Résistance gekämpft. Ist in deutsche Kriegsgefangenschaft geraten. Hat in den 1960er-Jahren als Portier in der Schweiz gearbeitet. In Bern, Luzern, Lausanne. Dort bin ich 1965 gezeugt worden, sagt Mariella. In einer Absteige. Wie es sich gehört.

Im Januar 2019 fahre ich mit einem Freund nach Oberbayern. Im Konzentrationslager Dachau war Siro Moja inhaftiert. Als Résistance-Kämpfer. Eine lang geplante Reise, immer wieder verschoben. Ich bin 52 Jahre alt. Ich will meinem Vater nahe sein.

Ich gehe am Erkennungsbunker vorbei zum Appellplatz. Sehe die Baracken. Die Wand, vor der die Leute erschossen wurden. Die Gefühle überkommen mich. Ich lege mich auf den Kiesboden. So nahe war ich meinem Vater noch nie. Eine Angestellte rennt herbei. Sie ist aufgebracht, will wissen, was ich hier mache. Ich verabschiede mich von meinem Vater, sage ich. Sie schweigt. Ich bleibe drei Minuten liegen. Siro, ich habe überlebt.

Wir schauen uns das Museum an, wie alle anderen auch. Zwei, drei Stunden lang sagt Chrigu kein Wort. Kein einziges.

Im Archiv bestelle ich Siros Akten. Ich warte ein Jahr. Dann kommt ein Brief. Die Akten der Sinti und Roma sind vor Kriegsende nach Birkenau II gebracht und dort höchstwahrscheinlich vernichtet worden. Mein Vater hätte ebenfalls nach Auschwitz deportiert werden sollen, wurde aber vorher befreit.

Mir bleiben die Pro-Juventute-Akten. Ein paar Briefe von ihm. Clara Reust hat sie nicht weitergeleitet, sondern in Kartonschachteln gelegt und im Aktenkeller eingebunkert.

Mein Vater hat Mussolini überlebt, den Krieg, die Nazis. Gegen die schweizerische Fürsorgebürokratie ist er nicht angekommen.

2009

Christian hat seine Diplome im Sack. Die IG Sozialhilfe gründet
ein Internet-Café für armutsbetroffene Menschen. Dort übernimmt Christian die technische Verantwortung. Mit Seele, Herz
und Köpfchen. Das Kafi Klick ist sein neuer Lebensmittelpunkt.
Im Gesetz zur Kulturförderung schafft Artikel 17 die Rechtsgrundlage zur Förderung der Kultur von Jenischen, Sinti und
Roma. Den Fahrenden unter ihnen stehen noch vierzehn Stand-
plätze und 43 Durchgangsplätze zur Verfügung. Das sind drei
Standplätze mehr und acht Durchgangsplätze weniger als im Jahr
2005. Die Standplätze reichen bloss für ein Drittel der in der
Schweiz lebenden Fahrenden, die Durchgangsplätze für zwei
Drittel, ausländische Fahrende nicht mitgerechnet. Die Rad-
genossenschaft der Landstrasse organisiert seit 2003 wieder
Fekkerchilbis, die traditionellen Treffen der Jenischen. In diesem
Jahr in Brienz im Berner Oberland. Die Schweizer Demokraten
SD bringen ihre Volksinitiative zur Abschaffung der Rassismus-
Strafnorm definitiv nicht zustande. Im Nationalrat scheitert
die Partei mit einem ähnlichen Anliegen. Der Bundesrat nimmt
der US-Regierung einen usbekischen Guantánamo-Insassen ab.
Dieser Gefallen soll sich positiv auf die Verhandlungen mit den
USA über die UBS auswirken. Mehr dazu beitragen dürfte die
Tatsache, dass die Finanzaufsichtsbehörde FINMA den US-Ermitt-
lern Informationen über 250 Bankkundendossiers aushändigt.
Gegen die UBS läuft in den USA ein Verfahren wegen Beihilfe zum
Steuerbetrug. Ein Jahr zuvor war sie praktisch bankrott. Der
Bund rettete sie mit sechs Milliarden Franken. Die Nationalbank
ist immer noch damit beschäftigt, von der UBS übernommene
toxische Wertpapiere von den nicht toxischen zu trennen.
Die UBS schenkt ihrem Management Boni im Umfang von zwei
Milliarden Franken.

SIRO

Wir müssten heute [...] die jüngste und vielleicht furchtbarste Herr-
schaftsform hinzufügen, die Bürokratie oder die Herrschaft, welche
durch ein kompliziertes System von Ämtern ausgeübt wird, bei der
man keinen Menschen mehr, weder den Einen noch die Wenigen, weder
die Besten noch die Vielen, verantwortlich machen kann, und die man
daher am besten als Niemandsherrschaft bezeichnet. (Im Sinne der
Tradition, welche die Tyrannis als die Herrschaft definiert, der man keine
Rechenschaft abfordern kann, ist die Niemandsherrschaft die tyran-
nischste Staatsform, da es hier tatsächlich Niemanden mehr gibt, den
man zur Verantwortung ziehen könnte.)»
    Hannah Arendt, Macht und Gewalt, 1970

Mariella Mehr lernt Siro Moja 1965 kennen. Er ist italienisch-
französischer Doppelbürger und arbeitet als Nachtportier in
einem Hotel in Luzern. Sie ist 17, er 43 Jahre alt. Im Vaterschafts-
urteil steht, dass die beiden ein Liebesverhältnis entwickelt
hätten «mit wiederholtem intimem Verkehr. Dieser blieb nicht
ohne Folgen.» In Mariellas Krankenakte der Klinik Waldhaus Chur wird der Sachverhalt tendenziöser ausgemalt: «Die
Patientin fand darauf ihre 1. Stelle in einem Café in Luzern als
Buffetdame und blieb dort ca. 6 Monate. Sie überwarf sich bald
mit der Frau des Arbeitgebers. Überdies lernte sie in Luzern
einen angeblichen Franzosen kennen, in Wirklichkeit war er
ein Italiener, namens Siro Moja, 25 Jahre älter als die Patientin,
der seit 1948 von seiner ersten Frau getrennt lebte und nach
italienischen Gesetzen nicht scheiden konnte. Dieser charak-
terlich wahrscheinlich wenig gefestigte Mann setzte alles in
Bewegung, um die Patientin heiraten zu können, und als er auf

Schwierigkeiten stiess, beschlossen beide, ein uneheliches Kind zu bekommen und eine Verheiratung dadurch zu erzwingen.»

Am 21. Januar 1966 teilt Mariella Mehr der Vormundschaftsbehörde Domleschg mit, dass sie schwanger sei. Sofort wird die Einweisung ins Frauengefängnis Hindelbank verfügt. Der «Versorgungsbeschluss» lautet auf unbestimmte Zeit, mindestens aber ein Jahr.

Christian wird unter Beistandschaft gestellt. Seine Beiständin ist Clara Reust. «Nach Erledigung der Vaterschaftsangelegenheit ist der Vormundschaftsbehörde darüber Antrag zu stellen, ob die Beistandschaft in eine Vormundschaft umgewandelt oder wem die elterliche Gewalt zu übertragen sei.»

Für CR gibt es nur eine mögliche Erklärung für die Verbindung zwischen Mariella Mehr und Siro Moja: Bei Christians Vater handelt es sich um einen «abgefeimten Zuhälter». Ihr Mündel sei «dem Kerl völlig verfallen und ausgeliefert». Reust nimmt sich vor, Moja polizeilich ausforschen zu lassen, «Instanzenweg erfragen». Sie hat Panik, dass sich die Eltern mit dem Baby nach Italien absetzen. Christian und seine Mutter gehören so lange wie möglich hinter Gitter.

Zwei Tage nach Christians Geburt deponiert Siro Moja bei der Amtsvormundschaft Bern die Vaterschaftsanerkennung. «Fräulein M. hat am 11. Juni 1966 im Frauenspital Bern einen Knaben Christian geboren. Ich anerkenne, Vater dieses Kindes zu sein. Eigentlich möchte ich dieses Kind mit Standesfolge anerkennen, aber da meine Scheidung von meiner französischen Gattin in Italien noch nicht anerkannt worden ist, gelte ich als verheiratet und kann deshalb das Kind nicht anerkennen. Ich bin jedoch bereit, für das Kind und seinen Unterhalt aufzukommen. Die Kindsmutter ist bevormundet. Vormünderin ist Frl. Reust, Pro Juventute, Zürich. Ich möchte das Kind periodisch besuchen können. Ich wünsche deshalb, dass es hier im Kanton Bern in einen Platz gegeben wird. Zuerst wird das Kind wohl in ein Heim, z. B. das Säuglingsheim Elfenau, verbracht werden müssen. Ich bin ohne weiteres bereit, diese Pensionskosten für das Kind zu bezahlen. [...] Ich wünsche auch, dass Fräulein Mehr einen anderen Vormund erhält. Ich habe das Gefühl, dass Fräulein Mehr von ihrer jetzigen Vormünderin nicht richtig betreut wird.» Siro Moja gibt ausserdem zu Protokoll, dass er nun im Hotel Schweizerhof in Bern arbeite. Dort verdiene er etwa 1500.– Franken im Monat, wenn das Trinkgeld mitgerechnet werde.

Damit hat Reust nicht gerechnet. Am 15. Juni behauptet sie, Moja habe sich nach Frankreich abgesetzt. Er lasse Mariella im Stich. Eine Woche später schreibt Siro Moja einen bitterbösen Brief. Er habe Mariella im Spital besucht und völlig aufgelöst vorgefunden. Zudem habe er Reust mehrere Briefe geschickt und darauf nie eine Antwort erhalten. Mehrmals habe er an ihre Menschlichkeit appelliert, jedes Mal vergeblich. Deshalb werde er sich mit allen rechtlichen Mitteln dagegen wehren, dass Reust die Vormundschaft über seinen Sohn erteilt werde. Christian solle in Bern platziert werde, damit Moja ihn möglichst häufig besuchen könne.

Nach dieser Kampfansage erhält Reust Unterstützung von der Vormundschaftsbehörde Domschleschg. Es sei «immerhin anerkennenswert, dass sich der Kindesvater wenigstens» zur Amtsvormundschaft bemüht habe. Zu wünschen, wo sein Sohn platziert werde, habe er allerdings nicht. Auch für einen Wechsel der Vormundschaft über Mariella gebe es keinen Grund. Damit verhält sich die Behörde mindestens so kaltherzig und ignorant wie Pro Juventute. Aber die Vormundschaftsbehörde reagiert mit diesem Brief vor allem auch allergisch auf Siro Mojas selbstbewusstes Schreiben.

Clara Reust erkundigt sich beim Sozialdienst des Frauenspitals nach Siro Mojas Besuchen. Dass sich ein «Vagant» um sein Kind kümmert, passt nicht in ihr Weltbild. In den Schriften von Jörger, Fontana und Siegfried steht das Gegenteil. Daran orientiert sich CR und notiert am 24. Juni 1966: «Im

Zusammenhang mit dem Verlobten (Moja) hat sich nichts ausserordentliches ereignet.»

Drei Tage später antwortet Reust der Vormundschaftsbehörde Domleschg, wie immer gemäss ihrem Denken. «Die ‹freiwillige Anerkennung der Vaterschaft› von Moja kann hingenommen werden, so hat man wenigstens etwas in der Hand. Bedingungen an die ‹Anerkennung› zu knüpfen, steht dem Mann nicht zu. – Wenn er bezahlt, und das muss er natürlich, hat er dies dem Vormund, auf keinem Fall der Km [Kindsmutter] oder Anstalt gegenüber zu tun.» Reust setzt das Wort «Anerkennung» in Anführungs- und Schlusszeichen und deutet damit an, dass sie nicht viel auf Mojas Wort gibt. Weil Siro Mojas Unterschrift amtlich beglaubigt vorliegt, gibt es dafür aber keinen Grund. Ausser Reusts Rassismus und der drohende Verlust ihres Einflusses auf Mariella und Christian, denn Geldüberweisungen von Moja würden Mariellas Selbständigkeit erhöhen. Darum erkundigt sich Reust immer wieder in Hindelbank, ob Zahlungen von Moja eingegangen seien.

Reust verweigert jeden direkten Kontakt mit Siro Moja und ignoriert seine Briefe. Doch Moja lässt nicht locker, er schreibt ihr am 13. Juli 1966 erneut und beklagt sich über ihre Ignoranz. Falls sie seine Schreiben weiterhin unbeantwortet lasse, werde er sich über sie beschweren. Zu diesem Zeitpunkt glaubt Christians Vater noch an das Schweizer Rechtssystem, das er für eines «der gerechtesten der Welt» hält.

Clara Reust holt sich Hilfe in Domleschg. Die dortige Vormundschaftsbehörde, ein Laiengremium, übermittelt Siro Moja Mitte Juli eine gesalzene Botschaft. Entsprechend heisst es bereits im ersten Satz: «Vorerst geben wir der Hoffnung Ausdruck, dass Sie, nachdem Sie in der deutschen Schweiz im Hotelfach tätig sind, der deutschen Sprache soweit mächtig sind, dass Sie diesen in deutscher Sprache abgefassten Brief verstehen werden.» Das ist als Reaktion darauf zu lesen, dass Siro Moja französisch schreibt – immerhin eine Landessprache. (In den Akten befinden sich Übersetzungen.) Da Mariella Mehr unter Vormundschaft stehe, sei Clara Reust Mojas Ansprechperson, nicht die Mutter seines Kindes. «Sie vertritt die Interessen des Kindes und Sie sollten sich in Zukunft im Aeussern von Wünschen und Vorwürfen dem Beistand gegenüber etwas zurückhaltender verhalten.» Ausserdem müsse zuerst die Höhe der Alimente und der sonstigen Leistungen festgelegt werden. Erst danach könne entschieden werden, wem die elterliche Gewalt zugeteilt werde. Aber dies alles sei sowieso hypothetisch, solange Moja noch verheiratet sei. «Soweit uns bekannt ist, können Sie als italienischer Staatsangehöriger in Italien überhaupt nicht geschieden werden und demnach Frl. Mehr auch nicht heiraten; es wäre denn, Sie erhielten vom Papst die Erlaubnis.»

Der Vertreter der Domleschger Vormundschaftsbehörde hält es noch für nötig zu betonen, dass Clara Reusts Arbeit als Vormund von Mariella Mehr nicht einfach sei. «Sie wissen ja selbst, wie schwer es fällt, Frl. Mehr zu führen, und wir sind keineswegs gewillt, Ihre diesbezüglichen Vorwürfe weiterhin entgegen zu nehmen, nachdem Sie zur heutigen schwierigen Situation doch auch einiges beigetragen haben dürften.»

Clara Reust wird mitgeteilt, man habe geglaubt, «Herr Moja einmal in die ihm zustehenden Schranken zurückweisen zu müssen und die ganze Angelegenheit ihm etwas auszudeutschen. Hoffen wir, dass es auch etwas nützt.»

Nach dieser Standpauke antwortet Moja mit einem langen Brief, in dem er seine Sichtweise nochmals erklärt. Im Gegensatz zum Vertreter der Amtsvormundschaft Domleschg bleibt Moja höflich. Eine Antwort scheint er nicht erhalten zu haben. Das ist typisch für das Verhalten der Behörden: Gegenüber den Betroffenen bleibt man abweisend und zugeknöpft, hinter den Kulissen verläuft der Austausch reibungslos.

Siro Moja wendet sich wieder an die Berner Amtsvormundschaft. Diese unterstützt ihn gegenüber Clara Reust insofern, als sie festhält, dass «er sich offensichtlich bemühte, die Vaterschaft ganz freiwillig anzuerkennen, während die meisten Väter behördlich aufgefordert werden müssen». Reust gibt in ihrer Replik zu, dass sie Mojas Briefe nie beantwortet habe. Die Begründung: «berufliche Überlastung und Zeitmangel». Auf den Hinweis, Moja habe zugesagt, die notwendigen Scheidungspapiere zu besorgen, schreibt Reust, sie werde sich einer Heirat nicht widersetzen, falls alle notwendigen Dokumente vorlägen. Am Folgetag, es ist der 9. September 1966, erkundigt sich Reust in Hindelbank. Man teilt ihr mit, dass Siro Moja im August 100.– Franken für Mariella Mehr eingezahlt habe und dass er sie gemäss der Anstaltsordnung einmal im Monat zu den vorgegebenen Empfangszeiten besuche.

Offenbar ist es Siro Moja nicht möglich, die geforderten amtlichen Unterlagen zu beschaffen. Weshalb, erschliesst sich aus den vorhandenen Akten nicht. In der Folge versucht er Pro Juventute und die Vormundschaftsbehörde Domleschg zu überzeugen, die Heirat trotzdem zuzulassen. Dass sich beide auf diese Diskussion erst gar nicht einlassen, kränkt ihn.

Wie viele andere zuvor, rennt Siro Moja gegen die Bürokratie an. Er fordert Gerechtigkeit, appelliert an die Menschlichkeit und droht mit dem Rechtsweg. Zwar ergreifen auch viele Jenische Rechtsmittel. Erfolg haben sie damit nicht, da sich die Rechtsmittelinstanzen kein eigenes Bild machen, sondern ihr Urteil aufgrund der Pro-Juventute-Akten fällen. Deshalb ist das Ergebnis immer dasselbe: Die Behörden diskutieren nicht. Sie sind Laien und handeln nicht nach juristischen Kriterien, sondern aufgrund von Weltanschauung, persönlicher Erfahrung und Vorurteilen. Weil sie niemandem Rechenschaft schuldig sind, kommen sie damit auch durch.

Reust beherrscht die Kunst des Manipulierens und Intrigierens. Sie entscheidet nicht, das liegt in der Kompetenz der Behörden. Aber Reust informiert höchst selektiv, manchmal lügt sie auch einfach. Wenn immer möglich, vermeidet sie die direkte Konfrontation. In Christians Fall spricht sie mit dem Personal des Frauenspitals Bern und des Frauengefängnisses Hindelbank, dem Gefängnispfarrer und den Vormundschaftsbehörden, sogar mit Mariella, aber nicht mit Siro Moja.

Im November 1966 fährt Siro Moja nach Zürich, besucht Clara Reust nach kurzfristiger telefonischer Anmeldung in ihrem Büro und stellt sie zur Rede. Sowohl Siegfried als auch Reust vermeiden solche direkten Begegnungen mit Betroffenen tunlichst und verweisen sie an die Vormundschaftsbehörden. Für Reust dürfte das Treffen mit Moja deshalb ebenso ungewöhnlich wie unangenehm sein. Gegenüber stehen sich Selbstgerechtigkeit und Verzweiflung.

«Es bleibt mir nach fast zweistündiger Unterredung nichts mehr anderes übrig, als den wenig erfreulichen Besuch unmissverständlich aufmerksam zu machen, dass seine Zeit abgelaufen sei, es habe keinen Sinn, mehrmals das gleiche zu behaupten und zu widerlegen.» Mit «widerlegen» meint sie ihre eigene Rolle in dem Gespräch. Im Wesentlichen teilt sie Siro Moja mit, dass er erstens seine Papiere in Ordnung bringen müsse als Voraussetzung für eine Heirat und zweitens Alimente bezahlen solle für sein Kind. Das Geld werde er auf keinen Fall ihr geben, entgegnet Moja, sondern seinem Sohn. Und falls er zahlt, will er dafür die Zusage oder doch wenigstens ein Entgegenkommen hinsichtlich des Sorgerechts für Christian. Beides verweigert Reust mit dem Hinweis auf den Vaterschaftsprozess. Tatsächlich liegen diese Entscheide nicht in ihrer Kompetenz, aber sie könnte sie herbeiführen. Trotzdem bestreitet sie hartnäckig jede persönliche Verantwortung und jeglichen Handlungsspielraum. Immer müsse sie sich hinter Gesetzen und Behörden verschanzen, entgegnet Moja. Er ist erregt, scheint die Fassung aber nicht zu verlieren. Reust erwähnt eine «drohende Miene» und «ein heftiges Pochen auf den Tisch». Mehr scheint nicht vorgefallen zu sein. Trotzdem muss sie «an einen Verbrecher denken, wie Moja sich endlich entfernt». Ihr Gesprächsprotokoll ist voller Südländerklischees: Moja «wirft sich in Positur», ist «theatralisch aufgebracht», reagiert «mit geradezu theatralischen Seufzern», raucht «eine Cigarette nach der andern», zeigt «ein abstossendes (und vielsagendes) Augenzwinkern».

Siro Moja wird einige Monate später geltend machen, er habe mehr als die von Clara Reust registrierten 100.– Franken für Christian eingezahlt. In den Akten von Pro Juventute sind keine weiteren Beträge vermerkt. Im weiteren Verlauf verschweigt Reust aber auch die bereits erfolgte Zahlung und behauptet, Moja habe finanziell nie etwas für seinen Sohn getan und sei auch nicht willens, dies zu tun.

Nach dem frustrierenden Gespräch mit Reust reist Siro Moja nach Italien. Von dort schreibt er Mariella. Aber nicht nur er, auch seine Mutter schreibt drei eindringliche Briefe an die Mutter ihres Enkels. Es ist nicht klar, ob und wenn ja, wann Mariella Mehr diese Post zugestellt worden ist. Im Januar 1967 notiert Reust, dass sich Mariella Sorgen mache, weil sie seit zwei Monaten nichts von Moja gehört habe. Die von Reust vorangetriebene Entzweiung von Siro und Mariella geht voran. Reust notiert, Mariella müsse nun wissen, «dass sie uns wichtig ist mit all ihren Problemen». Doch hat Mariella nichts dazu zu sagen, welches ihre Probleme sind und wie sie gelöst werden könnten.

Während Siro Moja von Mariella Mehr ferngehalten wird, soll Mariella bearbeitet werden. Dazu benutzt CR den Pfarrer, eine Gefängnismitarbeiterin und eine Sozialarbeiterin. Der Entscheid, Mariella auf andere Gedanken zu bringen, steht bereits früh fest. Unter anderem schicken sie sie im Herbst 1966 in einen Haushaltungskurs. Pro Juventute übernimmt die Kosten. Im Februar 1967 notiert Reust nach einem Telefonat mit Hindelbank, Mariella Mehr mache sich jetzt «weniger Gedanken oder Sorgen» um Moja und sei nun bereit, Christian «in eine geeignete Pflegefamilie» platzieren zu lassen.

Drei Wochen später trifft ein Brief von Siro Moja in Hindelbank ein. Die Gefängnisverwaltung behält ihn zurück, sodass Mariella nichts davon erfährt. Ob sie diesen Brief überhaupt gelesen hat, ist nicht eruierbar. Siro Moja schreibt, er bleibe nun in Italien, Mariella möge ihm mit Christian doch folgen.

Reust fährt nun selbst nach Hindelbank. Beruhigt stellt sie fest, Mariella wolle nicht nach Italien ausreisen, obwohl sich Moja immer noch darum bemühe, dass sie ihm nachfolge, «natürlich mit dem Bübchen». Mariella sei «tatsächlich einsichtiger geworden», schreibt Reust nach der Besprechung. In ihrem Verhältnis zum Kindsvater sei «die erstaunlichste Änderung» eingetreten. «Aus ihren Worten kann man Bitterkeit und versteckten Zorn vernehmen.» Die Lügen, die mehr als einjährige Isolation und die Manipulation des Mündels sind erfolgreich.

Im Frühjahr folgt – für Reust – der Rückschlag: Siro Moja ist nach Bern gereist, nachdem ihm Mariella Mehr geschrieben hat. Clara Reust glaubt es zunächst nicht. Doch die Amtsvormundschaft bestätigt, dass er in Bern sei.

Mariella ist seit gut zwei Wochen nicht mehr inhaftiert, Christian lebt bei der Pflegefamilie. Sowohl Reust als auch die Berner Amtsvormundschaft, die von Pro Juventute beigezogen wird, wollen nun verhindern, dass Mariella und Siro doch noch zusammenkommen. Siro Moja darf weder Christian noch dessen Mutter besuchen. Ihm wird lediglich erlaubt, mit Mariella zu telefonieren. Und auch dies bloss in Gegenwart einer Mitarbeiterin der Amtsvormundschaft. Der Amtsvormund seinerseits ist während des Telefonates bei Mariella, sodass das ganze Gespräch auf beiden Seiten mitverfolgt werden kann. Clara Reust fiebert in Zürich mit und wird telefonisch auf dem Laufenden gehalten. Sie verfasst am 17. Mai 1967 um 10.30 Uhr einen ersten Akteneintrag und dann nochmals einen um 17.00 Uhr. Über den Inhalt des Gespräches vermerkt sie nur, dass Moja «alle Hebel in Bewegung» gesetzt und seine Abreise verschoben habe, «um nochmals einen Versuch zu wagen».

Siro Moja scheint «abzublitzen», wie Reust am nächsten Tag vermerkt. Ob bei der Amtsvormundschaft oder bei Christians Mutter, ist aus den Akten nicht herauszulesen. Jahre später schreibt Mariella an Siro Moyas Mutter, sie sei von einer perfiden Gehirnwäsche und der Angst vor dem Gefängnis zermürbt worden. «Die Zeit gehört zu den beschämendsten meines Lebens und blieb bis heute ein nicht abgeschlossenes Kapitel. Auch unter Berücksichtigung meiner eigenen Not bleibt die Tatsache bestehen, dass ich Siro damals zutiefst verletzte.»

Noch am selben Abend schreibt Moja Mariella Mehr einen Abschiedsbrief. Es gehe ihm auch um Christians Zukunft und er habe kein Vertrauen mehr in das schweizerische System der Betreuung und Bevormundung seines Sohnes. Darum werde er weiterkämpfen. Seine Tür stünde ihr jederzeit offen. Gleichzeitig schreibt er auch Reust. Sie habe nun endlich ihr Ziel erreicht und ihr Werk vollbracht.

Siro Moja hat den Kampf um seinen Sohn verloren. Zwar wendet er sich noch an das italienische Generalkonsulat, aber auch dort hört man auf Clara Reust und nicht auf ihn.

Nach Siro Mojas Resignation wird der Vaterschaftsprozess vorangetrieben. Im November 1967 wird Clara Reust von der Vormundschaftsbehörde zu Christians Vormundin ernannt.

Siro Moja stirbt 1973 an Krebs. Im gleichen Jahr, in dem Clara Reust die Macht verliert, über Christian und Mariellas Leben bestimmen zu können.

Christian hat Tritt gefasst. Neben seiner Arbeit im Kafi Klick
organisiert er Konzerte. Er beschäftigt sich stärker mit seinen
jenischen und seinen Roma-Wurzeln. Er geht an die Fekkerchilbi, die in diesem Jahr auf dem Zürcher Helvetiaplatz stattfindet. Auch an die Zigeunerkulturtage, die seine Grosstante
Maria Mehr organisiert. Das Z-Wort geht ihm jedoch nicht über
die Lippen. Mariella kehrt definitiv aus Italien zurück. Bundesrätin Simonetta Sommaruga entschuldigt sich bei allen Opfern
von fürsorgerischen Zwangsmassnahmen und Fremdplatzierungen. Im Kanton Aargau gibt es Proteste gegen einen Durch-
gangsplatz für Fahrende. Gleichzeitig formiert sich unter den
Jenischen eine neue selbstbewusste Gruppe. Sie unterstreicht
die Schweizer Bürgerschaft ihrer Mitglieder und distanziert
sich von ausländischen Fahrenden. Die Jenischen seien gewisser-
massen der 27. Kanton der Schweiz. Die Bewegung Schweizer
Reisende wird gegründet. Die Eidgenössische Kommission gegen
Rassismus (EKR) belegt mit einer Studie, dass Schweizer Medien
in allen Sprachregionen negative Stereotype und Vorurteile
über Roma publizieren. Roma werden mit Bettelei, Prostitution
und Kriminalität assoziiert. Positive Nennungen kommen selten
vor, Diskriminierungen sind kaum Thema, und wenn, dann solche
im Ausland. Das neue Gesetz über die Ordnungsbussen für
Cannabis tritt in Kraft. Die ersten syrischen Geflüchteten reisen
ein. Es sind sieben Familien, die der Bund in Absprache mit dem
UNO-Flüchtlingshochkommissariat UNHCR übernimmt.
Beschlossen wurde die Aufnahme von fünfhundert besonders
vulnerablen Personen. Zwei Asylsuchende werden nach Sri
Lanka ausgeschafft. Die dortigen Behörden verhaften sie direkt
bei der Ankunft. Eine weitere Verschärfung des Asylrechts
wird in der Volksabstimmung mit 78,5 Prozent angenommen.

JENISCH
NIE UND IMMER

Das Schlimme ist, dass die staatliche Repression die Menschen so kaputt gemacht hat, dass sie sich auch untereinander zerstreiten. Das war bei den Gassenleuten so, und das habe ich auch bei den Opfern von «Kinder der Landstrasse» beobachtet, die ich betreut habe. Hinzu kommt, dass viele in Christian Mariella gesehen haben. Da wurde einiges in ihn hinein-projiziert.

Branka Goldstein im Interview, 05.10.2020

Wenn ich von Jenischen spreche, sage ich wir. Wenn ich von Roma spreche, sage ich wir. Das sehen nicht alle so. Mir haben Jenische gesagt, ich sei nicht jenisch, und Roma, ich sei kein Rom. Meine Mutter ist jenisch, mein Vater Rom. Was braucht es noch?

Ich sollte vielleicht keinen festen Wohnsitz haben und her-umziehen. Aber macht das wirklich den Unterschied? Was ich in meiner Kindheit und Jugend vermisst habe, ist die Familie, nicht das Scharotl. Darum kommen mir Wohnwagen vor wie Einfamilienhäuser auf Rädern.

Ich sollte nicht unbedingt Mariella Mehrs Sohn sein, denn meine Mutter hinterliess verbrannte Erde, wenn sie stritt. Und sie stritt oft.

Ich sollte sicher nicht fixen. Auch nicht gefixt haben. Dabei waren Platzspitz und Letten voll von uns. Kinder der Landstras-se, Verdingkinder, Heimkinder. Wenn dein Selbstwertgefühl kaputt pädagogisiert wird, wenn du gedemütigt, gepeinigt, gequält wirst, ist Heroin eine Option. Es stellt die Gedanken ab. Es hüllt dich in Watte. Und wenn du in Heimen und Kliniken misshandelt worden bist, hältst du es auch drogenabhängig nicht in Heimen und Kliniken aus. Selbst wenn sie es dieses Mal gut mit dir meinen.

Das Allerschlimmste aber ist: Ich sollte kein Mischling sein. Entweder jenisch oder rom. Schwyzerörgeli oder Fiedel. So aber gehöre ich nirgends dazu.

Zwar wollte ich Geige spielen lernen als Kind. Habe sogar eine geschenkt gekriegt. Von einem Freund von Mariella. Aber das durfte ich nicht im Heim. Trompete sollte es sein. Solide Schweizer Blasmusik. Vor Wut und Frust habe ich das Blech an die Wand geschmissen. Da war es wieder, das cholerische Vagantenbalg, das es zu züchtigen galt.

Mariella hat eine Weile lang im Wagen gewohnt. Da war ich dann auf Urlaub. Das hat aber nicht gereicht, um Wurzeln zu schlagen. Auch Mariella ist nicht im Scharotl aufgewachsen, sondern in Pflegefamilien und in Kliniken. Wir haben bloss so getan, als wären wir Fahrende. Pro Juventute wollte uns vom Wohnwagen fernhalten. Zum Trotz hat Mariella einen angeschafft.

Auch ich habe meine jenischen Momente des Glücks in meiner Kindheit. Bei Silvio Lehner zum Beispiel. Er setzt mich auf ein Pferd. Einen Haflinger ohne Sattel. Ich bin sieben Jahre alt, ich lerne reiten, kann hinterher eine Woche lang nicht mehr sitzen. Ich bin stolz.

Pro Juventute hat trotzdem gewonnen. Als Teenager finde ich den Zugang zu meinem Volk nicht mehr. Je stärker sich Mariella als Jenische inszeniert, umso demonstrativer distanziere ich mich davon. Meine Familie sind die Punks. Die Junkies. Es zählt die Gegenwart, nicht woher wir kommen.

In den 1980er- und 1990er-Jahren will die Schweiz den Schaden wiedergutmachen, den sie an uns Jenischen angerichtet hat. Mit Geld natürlich. Aber Wiedergutmachen geht nicht, höchstens Abgelten. Wie viel sind unsere Seelen wert?

Was der Staat immer noch nicht verstanden hat: Die Bürokratie ist Teil des Unterdrückungsapparates. Sie hört nie auf. Ab 2017 sind die Verdingkinder an der Reihe. Sie erhalten auch Geld. Dafür müssen sie Formulare ausfüllen. Müssen bis ins Detail schildern, was sie erlebt haben. Formular um Formular. Nachbessern, wenn der Moloch findet, eine Zeile sei unvollständig ausgefüllt. Der Staat ist misstrauisch. Es soll niemand Geld erhalten, der oder die dafür nicht ordentlich gelitten hat. Das Leiden beim Formularausfüllen soll das biographische Leiden belegen. Ein solches Prozedere lassen sich Leute einfallen, die nicht wissen, was es kostet, zu vergessen, und was es bedeutet, sich zu erinnern.

Es gibt Jenische, die haben nicht dasselbe erlebt wie ich, und ich habe nicht dasselbe erlebt wie sie. Die Kontaktaufnahme ist schwierig. Die Jenischen, von denen alle sagen, man könne ihnen nicht trauen, weil sie stehlen, trauen keinem Fixer, weil die stehlen.

Dabei sind wir Junkies eigentlich gar nicht so viel anders als die Jenischen. Natürlich fehlt uns die jahrhundertelange Tradition. Aber es gibt Parallelen. Wir werden zum Volk, weil die Gesellschaft uns verstösst. Wir halten zusammen, weil der Staat uns jagt. Wir entwickeln Überlebensstrategien, weil wir ausgegrenzt werden. Wir nehmen uns Räume, weil wir vertrieben werden.

Wir entwickeln sogar eine eigene Sprache. «Schuger» ist Heroin, «Goggi» Kokain, «Benzos» sind Benzodiazepine. Ein «Eisen» ist eine Spritze, «Kick» oder «Knall» heisst die Injektion, ein «Halsknall» ist eine Injektion in die Halsschlagader, «Methi» Methadon, ein «Schugerpuff» ein Fixerraum, eine «Notschliifi» eine Notschlafstelle, der «Aff» der Entzug, «schöpfen» heisst vermitteln. Sogar den arabischen Begriff «Agash» übernehmen wir von den libanesischen Dealern. Was es heisst, weiss ich nicht, aber es bedeutet, dass die Bullen im Anzug sind.

Ich gehöre zum Volk der Drogenabhängigen. Darum dauert es lange, sehr lange, bis ich im Volk der Jenischen ankomme. Zuerst muss ich mich von meiner Vergangenheit lösen.

Doch etwas ist jetzt anders: Ich arbeite im Kafi Klick. Ein Internetkaffee für Armutsbetroffene. Menschen, denen es dreckiger geht als mir. Kein Geld, keine Papiere, keine Perspektiven, keine Anerkennung. Das öffnet mir die Augen. Langsam rutsche ich in eine soziale Tätigkeit hinein. Ich helfe mir selbst, indem ich anderen helfe.

Branka und die IG Sozialhilfe gründen das Kafi Klick. Für Branka sind Computer Teufelszeug, sie überlässt das lieber mir. Ich organisiere die Maschinen, warte und unterhalte sie, unterstütze die Leute, die sie verwenden. Auf einmal habe ich einen Job, wie andere auch. Und wer einen Job hat, hat auch Freizeit. So kann ich plötzlich nebenberufliche Dinge tun. Als Fixer konnte ich das nicht. Fixen ist ein 24-Stunden-Job. Fixen löst die Zeit auf. Nun aber fange ich an, Konzerte zu organisieren. Zudem nähere ich mich den Jenischen an.

Meine Grosstante Maria Mehr hat die Zigeunerkulturtage gegründet. Das ist eine Chilbi mit Scherenschleifen, Musik und Podiumsdiskussionen. Ich kann dieses Wort nicht aussprechen. Seinetwegen wurden wir jahrhundertelang verfolgt. Seinetwegen hatte ich nie eine Familie. Maria verwendet das Z-Wort mit Stolz, wie amerikanische Hip-Hopper das N-Wort.

Ich getraue mich nicht allein an die Z-Kulturtage. Branka kommt mit, manchmal Marianne Pletscher. Ich gehe vor allem an den politischen Teil. Die Podiumsdiskussionen. Halte lange still. Ergreife vielleicht einmal das Wort, dann noch einmal.

Die Jenischen haben nicht auf mich gewartet. Manche sagen es mir ins Gesicht, andere zeigen es bloss. Also mache ich mein eigenes Ding. Wie immer. Ich organisiere 2014 das Roma-Festival. Mit Volksmusik und Punkbands. Es kommen vor allem die Punks. Und es kommen zu wenige. Wieder einmal erdrücken mich die Schulden. Wenigstens habe ich gezeigt, wo ich stehe.

Maria Mehr wollte, dass wir aufhören, uns für unsere Kultur zu schämen. Uns zu verstecken. Maria lebte im Wohnwagen. Maria legte Tarotkarten. Maria war stark. Uns aber hat man das Jenischsein mit Gewalt ausgetrieben. Trotzdem gehören wir dazu.

Identität verbindet und spaltet uns. Es gibt Jenische, die sind patriotischer als jeder Stammtischschnurri. Die wollen nichts mit ausländischen Roma zu tun haben. Die wollen, dass der Bund Durchgangsplätze nur für Schweizer Fahrende schafft. Das ertrage ich nicht. Ich bin halb jenisch, halb rom. Ich bin ein toter Mensch, wenn ich gespalten werde.

Dass die jungen Jenischen jetzt Plätze besetzen, dass sie handeln, anstatt sich vertrösten zu lassen, finde ich super. Dass sie sich von den Roma distanzieren, dass sie Plätze nur für Schweizer Fahrende fordern, finde ich zum Kotzen. Sie haben vergessen, wer der Feind ist, weil sie nicht dieselbe Verfolgung erlebt haben wie die Generation vor ihnen. Wir sind ein totes Volk, wenn wir gespalten werden.

Ich muss nüchtern werden, um das alles zu verstehen. Das dauert. Die Arbeit im Kafi Klick hilft mir dabei. Ich reduziere das Saufen. Aber wirklich überwunden habe ich meine Sucht erst 2018. In diesem Jahr höre ich auch noch mit dem Alkohol auf. Seither habe ich keinen Tropfen mehr angerührt.

Jetzt engagiere ich mich. Jetzt kämpfe ich nicht mehr gegen, sondern für etwas. Ich trete 2019 der Radgenossenschaft der Landstrasse bei. Eine Art Heimkehr ohne Heim.

Christian organisiert das zweitägige Festival Roma against Racism in Zürich. Das Programm ist eine wilde Mischung aus Volksmusik und Punkrock. Es ist ungewöhnlich heiss, am ersten Tag spielt die Schweiz an der Fussballweltmeisterschaft in Brasilien gegen Frankreich. Christians Budget geht nicht auf, er bleibt auf 35 000 Franken sitzen. Das wirft ihn aus der Bahn. Zuerst taucht er unter, dann kriegt er seine Schulden mit einer Lohnpfändung doch noch geregelt. Damit gehört er zu den 21,3 Prozent Menschen mit Schweizer Pass, die in finanziellen Schwierigkeiten sind. Bei der ausländischen Bevölkerung sind es 43,6 Prozent. Das Departement des Innern setzt eine Arbeitsgruppe ein, die Empfehlungen zur Verbesserung der fahrenden Lebensweise und zur Förderung der Kultur der Jenischen, Sinti und Roma erarbeiten soll. Jenische, Sinti und Roma sind auch Mitglieder der Arbeitsgruppe. In Bern besetzen Jenische die Kleine Allmend als Protest gegen den Mangel an Plätzen. Seit 2010 sind weitere vier Durchgangsplätze verloren gegangen. Es sind noch 39. Die Radgenossenschaft der Landstrasse hat finanzielle Probleme. Die Bewegung der Schweizer Reisenden positioniert sich als Alternative, bezeichnet die Radgenossenschaft als bürokratisch und träge. Eine schwangere syrische Frau verliert das Kind, weil die Behörden sie festsetzen und medizinische Hilfe verweigern. Der Nationalrat setzt Zwangsheirat auf die Liste der Gründe für eine Ausschaffung. Die Volksinitiative der SVP «gegen die Masseneinwanderung» wird mit 50,3 Prozent angenommen. Die siebzehnjährige pakistanische Schülerin Malala Yousafzai gewinnt als jüngste Preisträgerin den Friedensnobelpreis. Sie beschreibt seit 2009 das Leben unter der Taliban-Herrschaft in einem Internettagebuch. 2012 wird sie angeschossen, weil sie sich für das Recht auf Bildung für Mädchen einsetzt. Sie überlebt nach komplexen Operationen.

VERFAHREN

Viele Jenische leben heute zurückgezogen und isoliert von den anderen Fahrenden. Man bezeichnet sie als «Beton-Jenische». Auf ihnen lastet der Fluch der Verfolgten.

Oliver Matthias Meyer, Die letzten freien Menschen, 1991

Fahrende gibt es in der Schweiz seit eh und je. Die Helvetier sind Nomaden, bis sie nach der Niederlage in der Schlacht von Bibracte im Jahr 58 vor Christus von den Römern zur Sesshaftigkeit gezwungen werden. Nach dem Rückzug der Römer lassen sich weitere Nomadenstämme in der Schweiz nieder, nämlich die Alemannen, Sarazenen, Ungarn und Hunnen. Das ewig gleiche Spiel beginnt: Auf jene, die später einwandern, schauen die herunter, die bereits da sind.

Vom Mittelalter bis zur Gründung des Bundesstaates 1848 stehen Fahrende ausserhalb der Rechtsordnung. Es gibt Phasen der sogenannten «Vogelfreiheit», in denen Nichtsesshafte straflos verfolgt, verletzt oder getötet werden dürfen. Es gibt auch «Betteljagten», in denen Fahrende zusammengetrieben und abgeschoben werden. Je stärker die Territorialstaaten sind, je ausgefeilter der Verwaltungsapparat wird, umso grösser ist das Misstrauen der Behörden gegenüber herumziehenden Menschen, die sich nicht erfassen und kontrollieren lassen. Mit der Ausgrenzung der Fahrenden entledigen sich die sesshaften Kaufleute und das Gewerbe aber auch der – in moderner Wirtschaftsterminologie agilen – Konkurrenz. Mit den Zünften entstehen Organisationen, die diese Interessen des sesshaften Gewerbes gegen jene der Fahrenden durchzusetzen vermögen.

Verfemung und Vertreibung gehen denn auch primär von den Städten aus und erreichen abgelegene Orte später. Es sind Entwicklungen auf politischer, ökonomischer, rechtlicher und bürokratischer Ebene, die die fahrende Bevölkerung über einen längeren Zeitraum unter Druck setzen und ausgrenzen.

Trotz drastischer Verfolgung über Jahrhunderte verschwinden die Fahrenden aber nicht. 1848 eröffnet die Bundesverfassung – scheinbar – die Möglichkeit, die «Heimatlosenfrage» endgültig zu lösen, indem kantonale und kommunale Regelungen durch zentralstaatliche Steuerung ersetzt werden. Das «Gesetz die Heimatlosigkeit betreffend» von 1850 führt das Instrument der Zwangseinbürgerung von Nichtsesshaften ein, die vom Kanton einer Gemeinde zugewiesen werden. Der Bund zwingt die Kantone zur Aufnahme, der Kanton die Gemeinden. Damit wird das Konfliktpotenzial in die Gemeinden verlagert, wo man sich räumlich am nächsten ist. Die Kommunen versuchen, die neuen Bürger:innen an den Rand zu drängen, verweigern ihnen die Nutzung von Allmenden und Gemeindewald. Das hat handfeste Gründe, denn Ortsbürgergemeinden sind verpflichtet, ihre «Armengenössigen» zu unterstützen. Von dieser Verpflichtung können sich reiche Gemeinden freikaufen und ärmere dafür bezahlen, dass sie ihnen die zugewiesenen «Heimatlosen» abnehmen.

Das Heimatlosengesetz setzt den Hebel auch bei den Kindern an. Neu dürfen fahrende Händler und Handwerker keine schulpflichtigen Kinder mehr mitführen. Zusätzlich versuchen einzelne Kantone im 19. Jahrhundert, den Jenischen die Lebensweise mit dem Verbot des Kartenlegens, Handlesens und Wahrsagens auszutreiben. Nicht alle Fahrenden beugen sich diesem Zwang und führen trotzdem ihr Leben weiter.

Dass die Wirkung dieser Massnahmen begrenzt bleibt, frustriert einen Bundespolizisten. Eduard Leupold schreibt 1911, die «Zigeuner» befänden sich «in stetem Widerspruch mit den Polizeigesetzen; durch blosse Ausschaffung ist ihnen nicht beizukommen, da sie stets wieder im Lande auftauchen, solange ihre Rückkehr straflos bleibt». Weil sie «jede bürgerliche Ordnung und staatliche Autorität» umgehen, will Leupold Fahrende erst gar nicht mehr ins Land lassen. Auf sein Bestreben hin eröffnet das Eidgenössische Justiz- und Polizeidepartement eine «Zigeunerregistratur». Nun werden eingereiste Familien von Sinti, Roma und Jenischen polizeilich aufgegriffen, getrennt und in «Identifikationshaft» genommen. Die Männer schickt Leupold in die Strafanstalt Witzwil, Frauen und Kinder in Heime von Caritas und Heilsarmee. Dort werden sie fotografiert, die Fingerabdrücke werden registriert. Die Daten werden mit Registraturen in München und Wien verglichen. Pingelig wird versucht, Stammbäume fahrender Familien zu rekonstruieren. Ist die Identifikation abgeschlossen, werden die Inhaftierten über die Schweizergrenze abgeschoben. Manchmal gehen die Kinder dabei verloren und sehen ihre Eltern nie mehr wieder.

Was aber, wenn trotz aller Disziplinierung und Kontrolle Schweizer Familien durch das Land ziehen? Wenn sie korben, Kessel flicken, Scheren schleifen und hausieren? Wenn in der Landwirtschaft oder in Fabriken verarmte Menschen von Sesshaften zu Fahrenden werden? Schweizer Familien kann die Polizei nicht an die Grenze stellen. Aus diesem Grund werden im 19. und frühen 20. Jahrhundert die verschiedenen zivilrechtlichen Disziplinierungsmassnahmen geschaffen, zu denen Entmündigung, administrative Versorgung und Kindswegnahme gehören. Vor diesem Hintergrund gründet Alfred Siegfried 1924 auch «Kinder der Landstrasse».

Nach dessen Auflösung organisieren sich die Betroffenen sozial und politisch. 1973 wird der Verband Pro Tzigania Svizzera gegründet, 1975 die Radgenossenschaft der Landstrasse.

Vor allem in den 1980er-Jahren zeigen die politischen Aktionen dieser Organisationen Wirkung. Beispielsweise boykottieren Lehrer:innen 1985 den Verkauf von Pro-Juventute-

Marken. Eine Einkommensquelle von hohem symbolischem Wert. Im September 1986 strahlt das Deutschschweizer Fernsehen die Diskussionssendung «Heute Abend in ...» aus unter dem Motto «Zigeuner, Jenische, Fahrende». In Live-Einschaltungen von mehreren Standorten wird mit Jenischen und über Jenische geredet. An Lagerfeuern und in Wohnwagen die Jenischen, in Festzelten bei Bratwurst und Bier die Sesshaften. Es geht um fehlende Standplätze, Campingverbote und das erlittene Unrecht. Ein Dialog kommt nicht zustande. Immerhin hört man den Jenischen zur besten Sendezeit zu.

Nach der Sendung erhält die Redaktion allerdings geharnischte Reaktionen aus dem Publikum voller Ressentiments und Vorurteilen. In der Diskussionssendung «Zischtigsclub» anderthalb Monate später bedauert dies die Moderatorin mit eindringlicher Stimme. Die gesittete Diskussion im Studio ändert aber kaum etwas an der negativen Einstellung vieler Leute. In einer anderen Sendung zum selben Thema neun Jahre zuvor hatte dies der damalige Bundespräsident Kurt Furgler bereits angesprochen. «Offenbar sind bei vielen unserer Mitbürger noch grosse Vorurteile gegen das fahrende Volk vorhanden. Leider, muss ich sagen, denn Integration von Minderheiten ist schon immer ein schönes Zeichen unserer Eidgenossenschaft gewesen.»

1988 erteilt der Bund der neu gegründeten Stiftung Naschet Jenische den Auftrag, die «Wiedergutmachung» zu organisieren. Darunter versteht der Bund Akteneinsicht und Schadenersatzzahlungen. Bis 1992 werden elf Millionen Franken Entschädigung ausbezahlt. Zweitausend Gesuche sind eingereicht worden. Die meisten Gesuchsteller:innen erhalten mehrere tausend Franken.

1992 wird die Vergangenheitsbewältigung offiziell abgeschlossen. 1995 sind für Bundesrätin Ruth Dreifuss die Wiedergutmachungsverpflichtungen des Bundes erfüllt. Ab 1997 soll die Stiftung Zukunft für Schweizer Fahrende die Lebensbedingungen der Jenischen verbessern. 1998 werden die Fahrenden als nationale Minderheit anerkannt. In demselben Jahr wird das «Ameisi», die Tausendernote mit Auguste Forels Porträt, aus dem Verkehr gezogen. 2000 bringt der Bergier-Bericht Licht in die Geschichte der Jenischen, Sinti und Roma in der Schweiz während des Zweiten Weltkrieges.

Bis zu diesem Zeitpunkt hat der Bund zur Aufarbeitung des Unrechts an den Jenischen diverse Gremien und Kommissionen eingesetzt, Stiftungen gegründet, Studien publiziert, Geld verteilt und sich entschuldigt. Das Eis bricht 1987 Alphons Egli. Es folgen Eveline Widmer-Schlumpf 2010 und Simonetta Sommaruga 2013. Sehr viel mehr ändert dies aus Sicht vieler Jenischer aber nicht.

2011 läuft der Dokumentarfilm «Jung und jenisch» von Karoline Arn und Martina Rieder an den Solothurner Filmtagen. Er kündigt eine neue Generation Jenischer an, die bald aktiv werden wird. Im April 2014 besetzen sie mit einem Konvoi die Kleine Allmend in Bern. Das ist kurz vor Eröffnung der jährlichen Messe BEA eine ziemliche Provokation, weil die besetzten Parkplätze für das Messepublikum gebraucht werden. Und sorgt für eine hohe Aufmerksamkeit für die Forderung der Jenischen nach mehr Stand- und Durchgangsplätzen und generell mehr Anerkennung.

Der Historiker Thomas Huonker kommentiert die Aktion gegenüber dem Schweizer Fernsehen. «Es ist eine neue Generation von jüngeren Jenischen, die nicht unter dem Druck der Verfolgung aufgewachsen sind, oder weniger, die aber feststellen müssen, dass sie als junge Familien zu wenig Platz, zu wenig Lebensraum haben, und dass diese Plätze halt auch auf alten Deponien errichtet sind, oder in der Nähe davon, und dass sie per Video überwacht werden. Und das hat sie nun einfach massiv zu stören begonnen. Deshalb haben sie ein Zeichen gesetzt mit diesem Protest.»

Im Zug der Räumung des Platzes registriert und nummeriert die Polizei sämtliche Personen mit Armbändern oder Filzstiften direkt auf die Haut, auch Kinder, die noch dazu vorübergehend von ihren Familien getrennt werden. Offensichtlich denkt in der Polizeiführung niemand daran, was dies auslösen könnte bei Menschen, deren Vorfahren aus Erfahrung wissen, wie eine KZ-Registrierungsnummer der Nazis auf dem Unterarm aussieht, und die sich erinnern, wie es sich anfühlt, wenn Kinder ihren Eltern weggenommen werden. Vielleicht wird das auch einfach ignoriert. Jedenfalls sehen manche der anwesenden Jenischen die Dämonen der Vergangenheit wieder aufziehen. Die Polizei lässt gegenüber den Medien verlauten, die Räumung verlaufe friedlich. Wessen Verdienst dies ist, wird offengelassen.

Aufgrund dieser Aktion bleiben die Jenischen für eine begrenzte Zeit Medienthema. Diskutiert wird vor allem der Mangel an Plätzen und die fehlende Toleranz in der Bevölkerung.

«Dass geklaut wird, das ist das grösste Bedenken im ganzen Dorf, das wird von allen gesagt. Aufs Mal stehen sie einfach vor der Tür, du musst alles anbinden. Wie weit dies wahr ist, kann ich nicht sagen. Aber das sind Bedenken, die wir alle haben, ja.» Aussagen wie diese aus einem Aargauer Dorf ein Jahr vor der Aktion in Bern zeigen, wie präsent und gleichzeitig diffus die Ängste immer noch sind.

Die Jenischen prägen selbst aber auch ein neues Narrativ, indem sie zwischen angepassten einheimischen und unordentlichen ausländischen Fahrenden unterscheiden. Dafür gibt es für einmal Zustimmung von rechts. In den folgenden Jahren wird dieses Argument die Regel werden. In den Medien, in Kantonsparlamenten, an Gemeindeversammlungen und an Stammtischen.

Diese Entwicklung zeigt vor allen Dingen, dass die Vergangenheit nicht so bewältigt ist, wie die offiziellen politischen Verlautbarungen es darstellen. Wäre sie es, wären auch die Probleme der Vergangenheit kein Thema mehr. So ist es aber nicht. Studien häufen sich, Durchgangsplätze verschwinden. Der einzige Unterschied: Mit der Gründung der Stiftung Zukunft für Schweizer Fahrende wird dieses Verschwinden von Lebensraum bürokratisch sauber dokumentiert. Alle paar Jahre publiziert die Stiftung den «Standbericht. Halteplätze für fahrende Jenische, Sinti und Roma in der Schweiz. Aktuelle Ausgangslage und künftiger Handlungsbedarf». Mit jedem Bericht wird die Ausgangslage schlechter, der Handlungsbedarf grösser, die Zukunft für Fahrende ungewisser. Manchmal gibt es Proteste, Demonstrationen, Besetzungen. Das sorgt für kurzlebige Schlagzeilen, aber nicht für neue Standplätze.

Es scheint, als hätte sich eine neue Routine eingebürgert im Umgang mit den Jenischen, die das Hauptproblem der mangelnden Anerkennung eher verschärft als löst.

Christian hat Hochs und Tiefs. Er stürzt regelmässig mit Alkohol ab. Wie früher bei den Drogen, kennt er kein Mass. Der Tod von Mariellas Ehemann Ueli zwei Jahre zuvor belastet ihn. Ebenso die Beziehung zu Mariella. Zu allem Unglück überfährt ein Autoraser auch noch seinen Hund. Ein Lichtblick ist der Dokumentarfilm «Unerhört jenisch» von Karoline Arn und Martina Rieder. Darin wird neben anderen auch Christian porträtiert. Der Film erscheint 2016 und tourt 2017 durch Säle und Festivals. Christian geht an Vorführungen und Podiumsdiskussionen. Der Erfolg des Films tut ihm gut. Er mischt sich ein, widerspricht an einer Veranstaltung Bundesrat Alain Berset, wächst in die Rolle des Aktivisten hinein. Sie wird ihm helfen, mit dem Alkohol aufzuhören. Auch in diesem Jahr erhitzen fehlende, bestehende und geplante Durchgangsplätze für Fahrende die Gemüter, vor allem in den Kantonen Bern und Fribourg. Das Bundesgesetz über die Aufarbeitung der fürsorgerischen Zwangsmassnahmen und Fremdplatzierungen vor 1981 tritt in Kraft. Die Vergangenheit soll historisch aufgearbeitet, Opfer sollen entschädigt werden. Im Fokus stehen Verdingkinder. Christian hat als Opfer von «Kinder der Landstrasse» seine Entschädigung 1989 erhalten. Die Schweizer Bevölkerung glaubt nicht an die demokratisierende Wirkung des Internets. Nur 21 Prozent nehmen an, dass das Internet zu mehr politischer Mitsprache verhilft. Anfang Jahr wird Donald Trump als 45. Präsident der USA vereidigt. Im Juni steigen die USA aus dem Pariser Klimaabkommen aus. In Frankreich gewinnt Emmanuel Macron die Präsidentschaftswahlen gegen Marine Le Pen. Fanatische Menschen töten aus unterschiedlichen und teils gegensätzlichen ideologischen Gründen andere Menschen bei insgesamt achtzehn Terroranschlägen in Aleppo, Ägypten, Barcelona, Istanbul, Kabul, Manchester, Mogadischu, London, St. Petersburg, Stockholm, Teheran, Turku, Québec.

ICH

Käme ich nicht vom Punkrock, würde ich mich schämen für das, was ich bin. Unfähig, mich anzupassen. Aber ich komme vom Punkrock und bin stolz, dass ich es nicht besonders gut hinkriege.
Virginie Despentes, King Kong théorie, 2006

Ich drehe durch. Ich schreie. Ich rauche eine nach der anderen. Ich stehe vor dem Stadtspital Triemli in Zürich. Spätabends am 21. August 2022. Mariella wurde gerade operiert. Ohne gefragt zu werden. Ohne dass ich gefragt wurde. Ich war drei Tage im Jura ohne Handyempfang. Auf dem Weg zurück nach Zürich piepsen die Nachrichten. Mariella liegt auf der Intensivstation.

Wir haben es durchgespielt. Ich habe es der Ärztin gesagt, ich habe es allen gesagt: Meine Mutter soll ihren Willen behalten bis zum Schluss. Ich werde in ihrem Sinn handeln, aber ich werde nie an ihrer Stelle entscheiden. Niemand soll über sie entscheiden. Damit hat ihr Leben begonnen, so soll es nicht enden. Und Mariella will keine lebenserhaltenden Massnahmen. Sie hat bloss verpasst, eine Patentinnenverfügung zu unterschreiben.

Und dann hängt diese Ärztin Mariella an die Maschine. Mich hat sie nicht erreicht, Mariella war nicht bei Bewusstsein. In einem Notfall darf sie das, sagt die Ärztin. Natürlich hat sie recht. Aber sie weiss nicht, was das bei mir auslöst. Was in mir hochkommt. Die Bevormundung, das Besserwissen, das Rechthaben. Reust, Siegfried, Fontana. Ich raste aus. Ich spüre mich nicht mehr. Ich brülle. Ich fluche. Ich tobe.

Wenn ein Angehöriger im Triemlispital herumpöbelt, kommt der Sicherheitsdienst. Hinterher die Polizei.

Der Beamte sagt, er werde mich in die Ausnüchterungszelle sperren, wenn ich nicht aufhöre, herumzutoben. Er weiss nicht, dass ich seit vier Jahren keinen Alkohol mehr getrunken habe. Er hat dennoch recht. Ich bin besoffen. Vor Angst, vor Sorge, vor Empörung. Ich gehe nach Hause.

Am anderen Tag fahre ich ins Triemli und entschuldige mich beim Sicherheitsdienst, beim Pflegepersonal, bei der Ärztin. Die Leute sind nett, nehmen die Entschuldigung an. Weshalb ich ausgerastet bin, verstehen sie nicht wirklich. Für sie bin ich ein knorriger Randständiger. Sie wissen nicht, wie es ist, mit unsichtbaren Knöpfen zu leben. Knöpfe, die ein Echo aus der Vergangenheit abspielen, wenn sie berührt werden. Darauf drückt irgendjemand, bewusst oder unbewusst, und du hast dich nicht mehr unter Kontrolle.

Früher war ich voller solcher Knöpfe. Über die Jahre sind es weniger geworden. Die meisten sind eine Plage. Derjenige aber, auf den die Ärztin im Triemli gedrückt hat, ist wertvoll. Er beweist mir, wie wichtig Mariella mir nun wieder geworden ist.

Mariella ist jetzt sehr schwach. Wir kommen in die palliative Phase. Vor zwei Wochen wurde sie vom Pflegeheim ins Spital verlegt. Zum ersten Mal wird ihr der Alkohol verweigert. Sie würde sofort sterben, sagt der Arzt. Ich erkläre es ihr. Die letzten beiden Wochen ihres Lebens erfahre ich, wie es ist, wenn sie nüchtern ist.

Wir reden viel. Ihr letzter Wunsch ist, dass ich nicht vor ihr sterben möge. Ich verspreche es ihr, begleite sie zurück ins Pflegeheim. Es wird alles so eingerichtet, dass ich an ihrer Seite bleiben kann.

Und dann muss ich tatsächlich selbst ins Spital. Einen Sonntagnachmittag lang. Ein Lungenflügel funktioniert nicht mehr richtig. Daran werde ich heute nicht sterben. Das kann Mariella allerdings nicht wissen.

Sie erwacht, ich bin nicht da. Sie trinkt einen Schluck Whiskey, raucht ein paar Züge. Sie wartet.

Anderntags besuche ich sie wieder. Rede mit ihr. Sie dreht ihren Kopf. Ich halte ihre Hand. Sie stirbt.

2022

Ein 2016 beschlossener Aktionsplan des Bundes hätte bis 2022 deutliche Verbesserungen hinsichtlich der Anerkennung der Kultur von Jenischen, Sinti und Roma durch die Mehrheitsgesellschaft bringen sollen. Die 2022 nach wie vor virulente Debatte über Stand- und Durchgangsplätze lässt vermuten, dass dieses Ziel nicht erreicht wurde. Das Verwaltungsgericht des Kantons Jura beispielsweise kommt zum Schluss, dass die Gemeinde Saignelégier Fahrenden zu Unrecht den Aufenthalt auf Gemeindegebiet verweigert. Das Bundesgericht wiederum lehnt eine Beschwerde von Jenischen gegen die Verweigerung eines Durchgangsplatzes im St. Gallischen Thal ab. Auch im Kanton Zürich kommt der im Richtplan vorgesehene Ausbau nicht richtig voran. In zahlreichen anderen Dörfern und Städten wird ebenfalls über Plätze für Fahrende gestritten. Die Radgenossenschaft der Landstrasse will sich das Aufenthaltsrecht auf dem Rechtsweg erstreiten. Es gibt noch 38 Durchgangsplätze für Fahrende. Das sind einer weniger als 2015 und dreizehn weniger als 2000. In Chur findet die Fekkerchilbi statt. Die Autorin Isabella Huser nennt Schweizer Volksmusik «eine sehr schweizerische Art der kulturellen Aneignung». Eine Volksgruppe werde unterdrückt, ihr Kulturgut annektiert.

HEIMKEHR

ich lebe auf der landstrasse trotz bürgerlichem rahmen. ich bin
ein zigeuner geblieben. ich muss eine heimat finden in mir selbst.
Mariella Mehr, Tagebuch, 1973

Mariella Mehr stirbt am 5. September 2022. Christian ist bei
ihr. Sie sind miteinander im Reinen.

Einen Tag nach Mariellas Tod ruft eine Beamtin des Amts
für Zusatzleistungen an. Sie will wissen, was Christian erben
wird, damit sie berechnen kann, wie viel der Staat zurückfor-
dern darf. Christian bleibt ruhig. Für einmal hat er seine Abneigung gegen Autorität und Bürokratie unter Kontrolle. Er hat
auch gar nicht die Energie, sich aufzuregen, denn es gibt viel zu
tun. Eine private Feier muss organisiert werden und eine öffent-
liche.

Bei der privaten Abdankung hält Christian eine Rede. Er
verliert sich nicht. Die Gedanken und die Gefühle sind sortiert.
An der öffentlichen Feier spielt er mit seiner Band unter anderem den Song «Give AIDS a Chance», den er bereits 1989 auf
dem Platzspitz gespielt hat. So viel Trotz muss sein.

Nachdem alles erledigt ist, alle Rechnungen bezahlt sind,
schlägt die Trauer ein. Sie ist gnadenlos.

NACHWORT

Wir Verletzlichen sind alle nackt und hilflos geboren, gleich an
Würde und Rechten.
Martha Nussbaum im Interview, Die Zeit, 14.01.2019

Christian verbringt seine ersten Lebensmonate im Frauengefängnis Hindelbank, ich wachse in einem Dorf in der Nähe
auf. Das sind vollkommen unterschiedliche Familienverhält-
nisse, bildungsbürgerlicher Schonraum bei mir, gesellschafts-
politische Kampfzone bei Christian.

Sehr wahrscheinlich laufen wir uns während der Jugendunruhen in Bern in den frühen 1980er-Jahren zum ersten Mal
über den Weg. Daran können wir uns aber beide nicht mehr
erinnern, ausser an Punkkonzerte, an denen wir gleichzeitig
sind. In dieser Zeit lese ich Mariella Mehr. Ihren sprachlichen
Umgang mit Gewalt finde ich grossartig. Ihr Anrennen gegen Unterdrückung und Diskriminierung begeistert mich.
Ihre Demaskierung manipulativer Machtausübung politisiert
mich.

1998 arbeite ich für das Sozialdepartement der Stadt Zürich. Ich koordiniere die Kommunikation einer Volksabstimmung über die heroingestützte Behandlung. Christian bezieht
Heroin in einer städtischen Poliklinik. Wir begegnen uns nie.
Er bricht die Behandlung schnell wieder ab. Was man ihm da
gebe, habe nichts mit Heroin zu tun, wird er mir später vorwer-
fen. Das ist in dieser Zeit ein verbreitetes Argument bei den
Leuten auf der Gasse. Sie misstrauen dem staatlichen Stoff,
weil er synthetisch im Labor hergestellt und nicht aus Opium

144

gewonnen wird. Ein anderer ehemaliger Patient wird mich deswegen ebenfalls anschnauzen und behaupten, wir hätten versucht, ihn zu vergiften.

Ich denke, dass es nicht primär die pharmazeutische Beschaffenheit des Stoffes ist, was diese Menschen vergrault und abschreckt. Die Art und Weise der Betreuung durch Medizin, Psychologie und Sozialarbeit dürfte ebenso ausschlaggebend sein, wenn nicht sogar entscheidender als die Substanz. Menschen, die in pädagogischen, sozialarbeiterischen, psychiatrischen und justiziellen Institutionen traumatisiert worden sind, werden in solchen und ähnlichen Strukturen immer rebellieren. Zu ausgeprägt ist der Drang nach Selbstbestimmung. Wahnsinnig gross ist der Unterschied zwischen einem Jugendheim und einer Suchthilfeeinrichtung nämlich nicht, professionelle Empathie und antrainierte Gesprächsführungstechniken hin oder her. Viel wichtiger wäre es, faktisch auf dieselbe Augenhöhe zu gehen, nicht nur taktisch. Vielleicht ist dies eine Parallele zu einem Verständnis von Fürsorge, wie es im Rahmen von «Kinder der Landstrasse» praktiziert worden ist. Damals war jedes Handeln den Betroffenen gegenüber taktisch geprägt. Heute ist die Sozialarbeit mit Sicherheit integrer, ehrlicher und empathischer, aber Taktik ist eben manchmal immer noch im Spiel, was meistens Widerstand provoziert.

Bewusst begegnen Christian und ich uns 2007. Durch die Musik. Christian organisiert Konzerte, ich spiele in einer Band. Wir finden heraus, dass ich in seinem Plattenladen in Bern eine Maxisingle gekauft habe, «Shes on it» von Beastie Boys. An einem Konzert in der «Wunderbar» in Zürich erwähnt Christian Mariella. Wegen der Musik treffen wir uns häufiger. Mit der Zeit entsteht die Idee zu diesem Buch. Ich folge dabei keinem Plan, bin aber eigentlich immer auf der Suche nach gesellschaftlich relevanten Geschichten.

Zunächst beschliesse ich, Christians Erzählung zu fiktionalisieren. Christian wirkt auf mich wie der fleischgewordene

Protagonist eines Schelmenromans, der durch seine Zeit stolpert, von Schicksalsschlag zu Schicksalsschlag, immer wieder aufsteht und weitergeht, dessen Erzählung ausufert und zuweilen die Grenzen zum Fantastischen überschreitet, der aber gerade dadurch die Realität als Narrativ der Mächtigen entlarvt. Ein Schelmenroman soll es also werden, der aufzeigt, welche Traumata Sozialdisziplinierung und Zwangsassimilierung in der Schweiz im 20. Jahrhundert ausgelöst haben und wie diese über Generationen hinweg wirksam sind.

Mit einem Roman allerdings würde ich Christians Geschichte zu meiner machen. Zudem ginge die politische Tragweite verloren. Es wäre einfach, das Erzählte als übertrieben oder klischiert abzutun. Die Realität wirkt so fantastisch, dass sie in fiktionalisierter Form unglaubwürdig erscheinen könnte.

Nach dem Entscheid, keinen Roman zu schreiben, mache ich mich an einen Dokumentarfilm. Leider verstehe ich zu wenig vom Filmen. Zudem zerstreite ich mich mit dem Kameramann, was mir heute noch leidtut.

Das nächste Projekt ist ein Sachbuch. Je mehr ich aber recherchiere, umso schwerer tu ich mich mit den auftretenden Widersprüchen und gegensätzlichen Perspektiven. Darum entscheide mich für eine Art Collage, für das Vermischen von Subjektivem mit Objektivierbarem. Ich verbinde Informationen aus den Akten, den Medien, der Literatur und den persönlichen Erzählungen in unterschiedlichen Textformen. Dieses Zusammenspiel soll das ganze Bild erzeugen. Nicht die Fakten stehen im Zentrum, sondern das, was sie mit den Menschen machen.

Mit Christian führe ich zahlreiche Interviews, zwischendurch auch Gespräche, die ich nicht aufnehme, aber trotzdem verwende. Was er sagt, lässt sich kaum wörtlich wiedergeben, denn er packt mehrere Sätze in einen. Darum interpretiere ich, verdichte und fasse zusammen. Und ich versuche, mich in

Christian hineinzuversetzen, auszusprechen, was er nicht sagt. Die direkte Rede in diesem Text stammt darum nur zu einem kleinen Teil aus seinem Mund. Das Ich, das spricht, ist nicht Christian, es ist das Ich, das Christian in meiner Vorstellung sein könnte. Wichtig ist mir dabei, dass Christian einverstanden ist mit dem Text. Er hat ihn mehrmals gegengelesen und am Ende abgesegnet.

Nebst Christian interviewe ich Marianne Pletscher und Branka Goldstein. Sie kennen Christian aus unterschiedlichen Zusammenhängen.

Mit Mariella und Christian führe ich ein Gespräch, das mich von allen Recherchen zu diesem Buch am meisten bewegt, weil es einer der fragilen Momente ist, in denen Christian und Mariella sich vor ihrer definitiven Versöhnung näherkommen. Wir besuchen Mariella im Juli 2020 im Pflegeheim. Ihr Zimmer hat eine persönliche Note. Ihre Lieblingsbilder hängen an der Wand. Ihren eigenen Tisch durfte sie ebenfalls mitnehmen, einen ovalen, alten Holztisch. Darauf ist sie stolz. In der Nachttischschublade liegt die Whiskeyflasche.

Mariella will mich zuerst etwas kennenlernen. Wir gehen auf die Terrasse, wo sie rauchen kann. Sie benutzt einen Rollator. Auf halbem Weg muss sie einen Zwischenstopp einlegen und ausruhen. Das Personal grüsst freundlich. Draussen steckt sie sich als Erstes eine Kippe an. Es ist ein Innenhof, der von der Wandmalerei der aus Intragna stammenden und in San Francisco lebenden Künstlerin Mona Caron geprägt wird.

Jetzt gehen wir arbeiten, sagt Mariella. Wir kehren zurück in ihren Raum. Unterwegs scherzt sie mit einem Pfleger. Im Zimmer angekommen, beginnen wir mit dem Interview. Etwa in der Hälfte füllt sie einen Becher mit Whiskey. Sie trinkt während des gesamten Gesprächs aber nur einen einzigen Schluck.

Es wird kein Interview, sondern ein Dreiergespräch. Christian schafft es nicht, still zuzuhören. Es geht um die schwierige

Beziehung zwischen den beiden. Das Gespräch geht mir nahe, weil sich Mariella bei Christian entschuldigt, er sich damit aber nicht zufriedengibt. Er hadert immer noch damit, dass sie ihn nicht aus dem Jugendheim geholt hat, obwohl er geschlagen wurde. Warum hast du die halbe Welt gerettet, aber deinen eigenen Sohn nicht? Mariella ringt um eine Antwort, Christian ist ungeduldig. Das strengt Mariella an, sie ist müde, schickt uns fort. Es ist eine verpasste Gelegenheit.

Während des Gesprächs halte ich mich zurück. Ich bin hier, um zu dokumentieren, nicht um zu intervenieren. Hinterher rede ich Christian ins Gewissen. Es kann kein Gespräch mit Mariella entstehen, wenn er sie nicht reden lässt. Allzu viel Zeit dafür haben beide nicht mehr.

Kurz darauf kommt es abermals zum Bruch zwischen Mariella und Christian. Daran scheitert ein zweites Interview mit Mariella. Sie komplimentiert mich auf unvergleichlich ruppige Art aus dem Pflegeheim hinaus.

Die Akten für dieses Buch gibt mir Christian. Sie befinden sich in seinem Privatbesitz. Er hat sie mit der Historikerin Sarah Galle beschafft, die ihm mit den Gesuchen geholfen hat und ihn auch in die Archive begleitete. Sie hat über das sogenannte Hilfswerk «Kinder der Landstrasse» dissertiert.

Den Zugang zu Mariella Mehrs Tagebüchern ermöglicht uns das Schweizerische Literaturarchiv auf Veranlassung von Christian. Mariella Mehr verfasst die handschriftlichen Einträge in Gross- und Kleinschreibung. Die maschinengeschriebenen Texte sind ausschliesslich kleingeschrieben und werden hier auch so wiedergegeben.

Alle anderen verwendeten Informationsquellen sind öffentlich zugänglich.

Die Begriffe «Vagant» und «Zigeuner» werden in diesem Text ausschliesslich im historischen Kontext verwendet, damit ersichtlich wird, welche Rolle diese Zuschreibungen bei der Diskriminierung der Jenischen, Sinti und Roma gespielt haben.

Die Recherchen zu diesem Buch beschäftigen mich gut acht Jahre lang. Zwischendurch lasse ich alles liegen, einmal gebe ich das Projekt praktisch auf.

Christian gibt nicht auf.

Quellen

Für dieses Buch habe ich die Akten über Christian Mehr und über Marie Emma Mehr vollständig angeschaut, jene der Pro Juventute über Mariella Mehr nur ab Christians Geburt. Weiter habe ich Mariella Mehrs Tagebuch von 1972 bis 1974 gelesen, als Pro Juventute die Vormundschaft über Christian verlor und er zu Mariella zog. Akten und Tagebuch werden in der Schreibweise des Originals zitiert.

Zwecks Verifizierung, Plausibilisierung und Interpretation der erhaltenen Informationen habe ich unterschiedliche Informationsquellen miteinander verglichen: die Akten, Mariellas Tagebuch, die Medienberichterstattung, soweit sie zugänglich ist, und die Literatur. Was sich nicht mindestens doppelt bestätigen liess, habe ich weggelassen, manchmal auch als subjektive Sichtweise stehen lassen, etwa Christians eigene Annahme dazu, wie er von seiner Pflegemutter verbrüht worden ist. Aufgrund der mir vorliegenden Informationen kann ich nicht verlässlich sagen, ob es ein Unfall war oder eine Misshandlung. Gründe, an der Darstellung in den Akten zu zweifeln, habe ich gefunden, aber keine eindeutigen Belege.

Weil ich nicht alle Angaben verifizieren konnte, unterscheide ich zwischen Kapiteln mit sachlichen Informationen, die in der dritten Person geschrieben sind, und der direkten Rede. Sie entspricht Christians subjektiver Sichtweise. Die sachlichen Kapitel enthalten recherchierte Informationen sowie meine eigenen Interpretationen. Die direkten Zitate geben die jeweilige Sichtweise der zitierten Personen wieder. Aussagen, die mir aufgrund meiner Nachforschungen unplausibel erschienen, habe ich meistens nicht berücksichtigt, in einigen Fällen diskutiere ich sie auch.

Wer sich für die einzelnen Nachweise interessiert, kann die Edition mit allen Anmerkungen als E-Book beziehen:
ISBN 978-3-03855-270-3.

Akten

Akten des Pro-Juventute-Zentralsekretariats, Abteilung Kinder der Landstrasse, über Marie Emma Mehr, Mariella Mehr und Christian Mehr, Privatbesitz.

Siegfried, Alfred (1958). Familie Mehr von Almens, Berichte von Dr. A. Siegfried, Zürich: Pro Juventute (Vermerk auf Titelseite: 1 Ex. Gemeindeverwaltung Almens, 1 Ex. Kleiner Rat von Graubünden, 2 Ex. Archiv Pro Juventute Zürich), Privatbesitz.

Heimakten von Christian Mehr, Privatbesitz.

Psychiatrieakten von Christian Mehr, Privatbesitz.

Tagebuch von Mariella Mehr, Schweizerisches Literaturarchiv, Archiv Mariella Mehr, SLA-Mehr-C-4-a-01 bis SLA-Mehr-C-4-a-09, Tagebücher 1972 bis 1979.

Interviews

Interviews mit Christian Mehr: 30.11.2020, 08.12.2020, 24.01.2021, 19.05.2021, 12.09.2022., 03.01.2023.

Interview mit Christian und Mariella Mehr: 24.07.2020.

Interview mit Branka Goldstein: 05.10.2020.

Filme und Fernsehsendungen

Galle, Sara; Meier, Thomas (2009). Rosa W. wird kriminalisiert [Tonbildschau]. CD-Rom. In: Galle und Meier 2009, Von Menschen und Akten, Zürich: Chronos.

Meyer, Oliver Matthias (1991). Die letzten freien Menschen [Dokumentarfilm]. Zürich: Filmarts.

Meyer, Oliver Matthias; Huonker, Thomas (1991). Chronik der Nomaden in der Schweiz [Dokumentarfilm]. Zürich: Filmarts.

Pletscher, Marianne (2007). Die Kraft aus Wut und Schmerz. Portrait zum 60. Geburtstag der jenischen Schriftstellerin Mariella Mehr [Dokumentarfilm]. Zürich: SRF, Sternstunde Kunst.

Schweizer Fernsehen SRF (14.12.1972). Kinder der Landstrasse [Antenne]. Zürich: SRF.

Schweizer Fernsehen SRF (12.06.1975). Gründung der Radgenossenschaft der Landstrasse [Bericht vor 8]. Zürich: SRF.

Schweizer Fernsehen SRF (01.09.1975). Thearena und Zigeuner [Blickpunkt Region]. Zürich: SRF.

Schweizer Fernsehen SRF (08.08.1977). Zigeuner [Blickpunkt Region]. Zürich: SRF.

Schweizer Fernsehen SRF (15.04.1981). Standplatzsuche für Fahrende (Zigeuner) [Blickpunkt Schweiz]. Zürich: SRF.

Schweizer Fernsehen SRF (05.05.1986). Kinder der Landstrasse [DRS aktuell]. Zürich: SRF.

Schweizer Fernsehen SRF (29.05.1986). Jenseits der Landstrasse [Zeitspiegel]. Zürich: SRF.

Schweizer Fernsehen SRF (10.09.1986). Zigeuner, Jenische, Fahrende [Heute Abend in]. Zürich: SRF.

Schweizer Fernsehen SRF (28.10.1986). Kinder der Landstrasse. Unbewältigte Vergangenheit – Unmögliche Wiedergutmachung [Der Club]. Zürich: SRF.

Schweizer Fernsehen SRF (06.03.1989). Jenische / Fontana [DRS aktuell]. Zürich: SRF.

Schweizer Fernsehen SRF (22.11.1989). Jenische [DRS aktuell]. Zürich: SRF.

Schweizer Fernsehen SRF (12.12.1989). Prozess Mariella Mehr [DRS aktuell]. Zürich: SRF.

Schweizer Fernsehen SRF (13.05.1993). Jenische [Schweiz aktuell], Zürich: SRF.

Schweizer Fernsehen SRF (01.09.1994). Bericht von der Drogenfront [SRF DOK]. Zürich: SRF.

Schweizer Fernsehen SRF (12.10.1996). Report: Ich bin ein Jenischer [Zebra]. Zürich: SRF.

Schweizer Fernsehen SRF (25.08.1998–28.08.1998). Unterwegs mit Jenischen [Schweiz aktuell]. Zürich: SRF.

Schweizer Fernsehen SRF (16.01.2013). Widerstand gegen Fahrende [Schweiz aktuell]. Zürich: SRF.

Schweizer Fernsehen SRF (22.04.2014). Fahrende demonstrieren in Bern [Schweiz aktuell]. Zürich: SRF.

Schweizer Fernsehen SRF (24.04.2014). Berner Polizei räumt Protestcamp der Fahrenden [Tagesschau]. Zürich: SRF.

Schweizer Fernsehen SRF (24.04.2014). Stadt Bern macht Ernst [Schweiz aktuell]. Zürich: SRF.

Schweizer Fernsehen SRF (25.04.2014). Suche nach neuen Stellplätzen [Schweiz aktuell]. Zürich: SRF.

Schweizer Fernsehen SRF (25.04.2014). Fahrende weiter-gefahren [Tagesschau]. Zürich: SRF.

Schweizer Fernsehen SRF (28.04.2014). Verschnaufpause für Fahrende [Schweiz aktuell]. Zürich: SRF.

Schweizer Fernsehen SRF (28.04.2014). Angst vor Fahrenden [10 vor 10]. Zürich: SRF.

Schweizer Fernsehen SRF (27.04.2016). Brutale Umarmung [Rundschau]. Zürich: SRF.

Zeitungsartikel und Internetseiten

Caprez, Hans (1972). Fahrende Mütter klagen an. Beobachter, 16, 15.04.1972, 26–30.

Föhn, Markus (2014). Neuer jenischer Verein bringt sich in Stellung. Beobachter, 30.09.2014, online abgerufen am 08.01.2023.

Gerstlauer, Valerio (2017). «... führte ein dirnenhaftes Leben». Südostschweiz, 17.12.2017, online abgerufen am 25.01.2019. www.suedostschweiz.ch/kultur-musik/2017-12-17/fuehrte-ein-dirnenhaftes-leben.

Lerch, Fredi (1988). Doktortitel für fortgesetzten Rufmord. Die Wochenzeitung woz, Nr. 43/1988, online abgerufen am 25.01.2019. www.fredi-lerch.ch.

Lerch, Fredi (1989). Sieg für Dr. Fontana! Die Wochenzeitung woz, Nr. 25/1989, online abgerufen am 25.01.2019. www.fredi-lerch.ch.

Lerch, Fredi (1998). Lebende müssen sich erinnern. Die Wochenzeitung woz, Nr. 49/1998, online abgerufen am 28.01.2019. www.fredi-lerch.ch.

Lerch, Fredi (2015). «Sie nahmen mir den Buben sofort weg». Die Wochenzeitung woz, Nr. 43, 22.10.2015, online abgerufen am 28.01.2019. www.woz.ch/-63b9.

Näf, Willi (2000). «Aufrichtiges Bedauern». Halbherzige Rehabilitation der Schriftstellerin Mariella Mehr. Südostschweiz, 28.11.2000, online abgerufen am 25.01.2019. www.akdh.ch/ps/02mehr-karger.htm.

Pro Juventute (2019). Fragen und Antworten zum «Hilfswerk für Kinder der Landstrasse». Online abgerufen am 23.02.2019.

Raeber, Cornelius (2017). Die Chefärzte der Klinik Waldhaus im Laufe der Zeit. Südostschweiz, 125 Jahre Klinik Waldhaus Chur, Sonderbeilage, 10.10.2017, 9–14.

Raeber, Cornelius (2017). Ein Archiv bringt die Klinik Waldhaus in Verruf. Südostschweiz, 125 Jahre Klinik Waldhaus Chur, Sonderbeilage, 10.10.2017, 15–16.

Stamm, Rudolf (1963). Das «Hilfswerk für die Kinder der Landstrasse» und seine Bestrebungen. Neue Zürcher Zeitung, Mittwoch, 30. Oktober 1963, Morgenausgabe, Blatt 7, Nr. 4412.

Sturzenegger, Martin (2017). «Zigeuner» feiern auf der Hardturmbrache. Tages-Anzeiger, 17.05.2017.

Von Thadden, Elisabeth (2019). Wie herrscht Angst? Ein Gespräch mit der Philosophin Martha Nussbaum. Die Zeit, Nr. 3, 13.01.2019, Hamburg. Online abgerufen am 14.01.2019.

Literatur

Arendt, Hannah (1970). Macht und Gewalt. München: Piper (zitiert nach 25. Auflage 2015).

Bleuler, Eugen (1916). Lehrbuch der Psychiatrie. Berlin: Julius Springer.

Bugmann, Mirjam; Sarasin, Philipp (2003). Forel mit Foucault: Rassismus als «Zäsur» im Diskurs von Auguste Forel. Schweizerisches Bundesarchiv, Digitale Amtsdruckschriften, Bd. 29, 43–70. Bern: Schweizerisches Bundesarchiv.

Dazzi, Guadench; Galle, Sara; Kaufmann, Andréa; Meier, Thomas (2008). Puur und Kessler. Sesshafte und Fahrende in Graubünden. Baden: hier + jetzt.

Dazzi, Guadench (2008). «Spengler», «cutsch» und «matlòsa». Begriffe und Bezeichnungen. In: Dazzi et al., 10–39.

Dazzi, Guadench (2008). Bürger – angehörig – heimatlos. Zur Einbürgerungspolitik in Graubünden. In: Dazzi et al., 40–66.

Despentes, Virginie (2006). King Kong théorie. Paris: Grasset (zitiert nach: Despentes, Virginie [2018]. King Kong Theorie. Köln: Kiepenheuer & Witsch).

Fontana, Benedikt (1968). Nomadentum und Sesshaftigkeit als psychologische und psychopathologische Verhaltensradikale: Psychisches Erbgut oder Umweltprägung. Ein Beitrag zur Frage der Psychopathie (Mit Falltafel). Inaugural-Dissertation zur Erlangung der Doktorwürde der Medizinischen Fakultät der Universität Bern. Psychiatria Clinica, Vol. 1, Nr. 6, 340–366.

Galle, Sara (2008). Bündner «Vagantenfamilien» im Fokus der Pro Juventute. Die Zusammenarbeit der privaten Stiftung mit den Behörden und der psychiatrischen Klinik Waldhaus. In: Dazzi et al., 170–218.

Galle, Sara (2016). Kindswegnahmen. Das «Hilfswerk für die Kinder der Landstrasse» im Kontext der schweizerischen Jugendfürsorge. Zürich: Chronos.

Galle, Sara; Meier, Thomas (2009). Von Menschen und Akten. Die Aktion Kinder der Landstrasse der Stiftung Pro Juventute. Zürich: Chronos.

Germann, Urs (2000). Das «Hilfswerk für die Kinder der Landstrasse». Überlegungen zu einer aktuellen Debatte über die Rolle der Fürsorge und der Psychiatrie bei der Verfolgung nichtsesshafter Menschen in der Schweiz. Traverse: Zeitschrift für Geschichte = Revue d'histoire, Jg. 7, Nr. 1, 137–149.

Gusset, Silas; Seglias, Loretta; Lengweiler, Martin (2021). Versorgen, behandeln, pflegen. Geschichte der Psychiatrie in Graubünden. Quellen und Forschungen zur Bündner Geschichte, Bd. 38. Basel: Schwabe.

Hagmann, Corinne (2007). Kinder der Landstrasse – In gesundes Erdreich verpflanzt … Schicksal der Familie Waser-Schwarz. Frankfurt a.M., Berlin, Bern: Peter Lang.

Huonker, Thomas (1987). Fahrendes Volk – verfolgt und verfemt. Jenische Lebensläufe. Zürich: Limmat (zitiert nach 2. Auflage 1990).

Huonker, Thomas (2004). Diagnose: «moralisch defekt». Kastration, Sterilisation und Rassenhygiene im Dienst der Schweizer Sozialpolitik und Psychiatrie 1890–1970. Zürich: Orell Füssli.

Huonker, Thomas (2007). Unterwegs zur Gleichberechtigung. NFP 51, Integration und Ausschluss, Bulletin Nr. 6, Dezember 2007, 8–10.

Huonker, Thomas (2009). Jenische in der Schweiz: Lange kostenintensiv verfolgt, seit kurzem sparsam gefördert. Bemerkungen zu Vielfalt und Ausgrenzung sowie zum Unterschied zwischen Anpassungszwang und Integration. In: Piñeiro et al., 229–258.

Jäger, Georg; Dazzi, Guadench; Kaufmann, Andréa (2004). Die Jenischen in den Bündner Gemeinden: 19. und 20. Jahrhundert. Bündner Monatsblatt: Zeitschrift für bündnerische Geschichte, Landeskunde und Baukultur, 4, 309–317.

Jörger, Josef (1919). Psychiatrische Familiengeschichten. Berlin: Julius Springer.

Leimgruber, Walter; Meier, Thomas; Sablonier, Roger; Beratungsstelle für Landesgeschichte; Schweiz. Eidgenössisches Departement des Innern & Schweizerisches Bundesarchiv (1998). Das Hilfswerk für die Kinder der Landstrasse: Historische Studie aufgrund der Akten der Stiftung Pro Juventute im Schweizerischen Bundesarchiv (Vol. 9, Bundesarchiv Dossier). Bern: Schweizerisches Bundesarchiv.

Mehr, Mariella (1981). Steinzeit. Gümligen: Zytglogge (zitiert nach 8. Auflage 2009).

Mehr, Mariella (1983). In diesem Traum schlendert ein roter Findling. Gedichte. Gümligen: Zytglogge.

Mehr, Mariella (1984). Das Licht der Frau. Bericht über Spanien und die Stierkämpferinnen. Gümligen: Zytglogge.

Mehr, Mariella (1986). Silvia Z. Drama, uraufgeführt im Stadttheater Chur 1986.

Mehr, Mariella (1986). Kinder der Landstrasse. Drama, uraufgeführt im Theater 1230, Bern 1986.

Mehr, Mariella (1987). Kinder der Landstrasse. Ein Hilfswerk, ein Theater und die Folgen. Gümligen: Zytglogge (dokumentiertes Buch zur Aufführung).

Mehr, Mariella (1989). Anni B. Drama. Aufführung im Theater Gessnerallee, Zürich 1989 (von der Autorin abgelehnte Aufführung).

Mehr, Mariella (1990). Rückblitze. Gümligen: Zytglogge (Sammlung von Texten aus den Jahren 1976–1990).

Mehr, Mariella (1994). Zeus oder der Zwillingston. Zürich: R+F (Neuauflage 2023 im Limmat Verlag Zürich).

Mehr, Mariella (1995). Daskind. Zürich: Nagel & Kimche.

Mehr, Mariella (1998). Brandzauber. Zürich: Nagel & Kimche.

Mehr, Mariella (1998). Nachrichten aus dem Exil. Gedichte, zweisprachig (deutsch & romani). Übersetzung von Rajko Djuric. Klagenfurt: Drava.

Mehr, Mariella (2001). Widerwelten. Gedichte, teilweise zweisprachig (deutsch & romani). Übersetzung von Miso Nikolic. Klagenfurt: Drava.

Mehr, Mariella (2001). Angeklagt. Zürich: Nagel & Kimche.

Mehr, Mariella (2003). Im Sternbild des Wolfes. Gedichte. Klagenfurt: Drava.

Mehr, Mariella (2017). Daskind – Brandzauber – Angeklagt. Romantrilogie. Zürich: Limmat.

Mehr, Mariella (2017). Widerworte. Geschichten, Gedichte, Reden, Reportagen. Herausgegeben von Nina Debrunner, Christa Baumberger. Mit Texten von Anna Ruchat, Martin Zingg, Fredi Lerch. Zürich: Limmat.

Mehr, Mariella (2022). Von Mäusen und Menschen. Über Wissenschaft, Gutachter und ihre Akten. Zürich: Limmat.

Meier, Marietta; Hürlimann, Gisela; Bernet, Brigitta; Tanner, Jakob (2002). Zwangsmassnahmen in der Zürcher Psychiatrie 1870–1970. Zürich: Gesundheitsdirektion des Kantons Zürich.

Meier, Thomas (2008). Die «Kinder der Landstrasse» aus Graubünden. Daten, Stationen, Lebensläufe. In: Dazzi et al., 219–263.

Pieren, Markus (2017). Psychiatrische Dienste Graubünden. In: Zoellner, Silke; Tromm, Peter (2017). Jubiläumspublikation der Psychiatrischen Dienste Graubünden 2017: 125 Jahre Klinik Waldhaus Chur. Chur: Hochschule für Technik und Wirtschaft.

Piñeiro, Esteban; Bopp, Isabelle; Kreis, Georg (Hrsg.) (2009). Fördern und Fordern im Fokus. Leerstellen des schweizerischen Integrationsdiskurses. Zürich: Seismo.

Saelzer, Anna-Lena (2010). Sich selbst zum Spieleinsatz machen. Prosatexte Mariella Mehrs zwischen Wahrheits- und Erfahrungsbuch. Dissertation im Fachbereich II Sprach-, Literatur- und Medienwissenschaften der Universität Trier.

Schär, Bernhard (Hrsg.) (2008). Bern 68. Lokalgeschichte eines globalen Aufbruchs – Ereignisse und Erinnerungen. Zürich: Schulthess.

Schär, Bernhard (2008). Nackte Ohnmacht, verletzte Körper und unverhüllte Kritik: Mariella Mehr. In: Schär, 191–196.

Siegfried, Alfred (1964). Kinder der Landstrasse. Zürich/Stuttgart: Flamberg.

Sontag, Susan (1966). Against interpretation, and other essays. New York: Farrar, Straus & Giroux (zitiert nach: Sontag, Susan, [2016]. Standpunkt beziehen. Fünf Essays. Stuttgart: Reclam).

Dank

Zuallererst danke ich Christian für seine nervenaufreibende Hartnäckigkeit, ohne die ich das Manuskript nie zu Ende geschrieben hätte. Liliane Studer danke ich für das sorgfältige und kritische Lektorat, Sara Galle für ihre präzisen Anmerkungen und Ergänzungen. Barbara Frei hat das Manuskript gegengelesen und kommentiert. Marianne Pletscher und Branka Goldstein waren mir bei der Recherche behilflich. Moritz Wagner vom Schweizerischen Literaturarchiv hat Christian und mir geholfen, Mariella Mehrs Tagebücher einzusehen. Dem Limmat Verlag danke ich dafür, dass das Buch überhaupt erscheint.

Der Autor

Michael Herzig, geboren 1965 in Bern, lebt in Zürich und im Jura. Er hat Geschichte und Betriebswirtschaft studiert, war Drogenbeauftragter der Stadt Zürich, leitete während zehn Jahren sozialmedizinische Einrichtungen für marginalisierte Menschen und arbeitet heute als Dozent für Soziale Arbeit, freischaffender Autor und Organisationsberater. Er hat vier Krimis und einen Roman veröffentlicht sowie Kurzgeschichten, Hörspiele, Drehbücher und Nichtfiktionales geschrieben. Seine Werke wurden mehrfach ausgezeichnet.

Mariella Mehr

«Ihre Texte beeindrucken durch ihre radikale Wucht und ihre Suche nach jener Gewalt, die Opfer zu Tätern macht.» *NZZ am Sonntag*

Zeus oder der Zwillingston
Roman

320 Seiten
Gebunden mit Schutzumschlag
Auch als eBook

Von Mäusen und Menschen
Über Wissenschaft, Gutachter und ihre Akten

56 Seiten, gebunden
Auch als eBook

limmatverlag.ch

Mariella Mehr

«Mit Mariella Mehr ist eine der widerständigsten Stimmen der Schweizer Literatur verstummt: kämpferisch, eigensinnig, poetisch, kraftvoll.» *Christa Baumberger, Neue Wege*

Widerworte
Geschichten, Gedichte, Reden, Reportagen

352 Seiten, Leinen bedruckt
54 Fotos und Abbildungen
Auch als eBook

Daskind – Brandzauber – Angeklagt
Romantrilogie
384 Seiten, Leinen bedruckt
Auch als eBook

limmatverlag.ch

Für einen Druckkostenzuschuss dankt der Verlag Stadt Zürich Kultur,
der Fachstelle Kultur des Kantons Zürich, der Kulturförderung
des Kantons Graubünden, Kultur Stadt Bern, der Kulturförderung
des Kantons Bern und der Ernst Göhner Stiftung.

  ERNST GÖHNER STIFTUNG

Im Internet
› Informationen zu Autorinnen und Autoren
› Hinweise auf Veranstaltungen
› Links zu Rezensionen, Podcasts und Fernsehbeiträgen
› Schreiben Sie uns Ihre Meinung zu einem Buch
› Abonnieren Sie unsere Newsletter zu Veranstaltungen
  und Neuerscheinungen
› Folgen Sie uns 🕊 ⓘ ⓕ

Das *wandelbare Verlagslogo* auf Seite 1 zeigt Stühle und Sessel
aller Art, Linoldruck von Laura Jurt, Zürich, laurajurt.ch

Der Limmat Verlag wird vom Bundesamt für Kultur mit einem
Strukturbeitrag für die Jahre 2021–2024 unterstützt.

Umschlag: Christian Mehr im August 1978 am Festival d'Avignon
Foto: © Peter Wyss
Umschlagrückseite: Christian Mehr im April 2023 in Zürich
Foto: © Ayşe Yavaş
Lektorat: Liliane Studer
Typografie und Umschlaggestaltung: Trix Krebs
Druck und Bindung: Friedrich Pustet, Regensburg

ISBN 978-3-03926-064-5
© 2023 by Limmat Verlag, Zürich
www.limmatverlag.ch